FIDEDIGNUM

Libro 1.
La escafandra
de la astronauta

ᴝ

Gabriel «Gabi» Losa nació en Salamanca, Castilla y León, España, a finales de los años sesenta, en el seno de una familia numerosa. Cursó sus estudios de primaria y secundaria en la ciudad que lo vio nacer, finalizándolos en Wichita, Kansas, EE.UU. Se formó como piloto de aviación en Bremen, Alemania, y en Phoenix, Arizona, EE.UU y ha dedicado los últimos 35 años de su vida a volar como piloto de líneas aéreas por medio mundo. Padre orgulloso de dos hijas, viajero incansable, máster en Psicología General Sanitaria (UDIMA) y en Educación Sexual y Asesoramiento Sexológico (UCJC), cree en el advenimiento de un mundo más amable donde el amor se convierta en la única forma de existir.

© Gabi Losa, 2025

Ilustración de portada de Kenneth Patterson

I.S.B.N. obra completa: 979-13-87862-83-1
I.S.B.N. Tomo 1: 979-13-87862-84-8
Depósito legal: AB 858-2025

Este libro
se terminó de imprimir
el 29 de septiembre de 2025,
Fiesta de los Santos Arcángeles,
Miguel, Gabriel y Rafael.
Siempre presentes.

unoeditorial.com

FIDEDIGNUM

Libro 1.
La escafandra de la astronauta

GABI LOSA

U

Índice

Dedicado a Alba y a Alejandra.

No soy capaz de expresar el amor que brotó en mi corazón nada más veros nacer, y que sigue dibujando cada día desde entonces una sonrisa en mi cara.

Habéis sido, en todo momento, la forma más bonita que Dios ha encontrado de decirnos «Os amo».

¡Gracias! Que «lo incomprensible» nos siga cuidando.

Introducción

Ser testigo de la existencia siendo existencia
misma. Eso es conciencia.

En los últimos años, gracias a la mente humana, se ha logrado alcanzar un desarrollo tecno-
lógico formidable. Los avances en los campos de la
inteligencia artificial, la biomedicina, la robótica, el
transporte o las telecomunicaciones, por poner tan
solo algunos ejemplos, suponen, en muchos casos,
un sueño hecho realidad. Surfeamos el mar del progreso desde la cima de la ola más alta que ningún
ser humano hubiera podido pensar que fuera ni re-
motamente posible. Pero, a pesar de tan extraordi-
narios avances, el ser humano observa con perpleji-
dad que el nivel de sufrimiento percibido apenas ha
disminuido en todo este tiempo. Las consultas de
psicología y de psiquiatría atienden a más pacientes
que nunca. Los síntomas, los trastornos, los diag-
nósticos, los sentimientos de angustia permanente,
de soledad, de abandono, de rabia, de frustración,
de miedo y de la más triste de las tristezas no solo
no han disminuido, sino que han aumentado, tanto
en intensidad como en frecuencia.

En las zonas más privilegiadas del planeta, la falta de alimentos, la mayor parte de las enfermedades o la integridad física ya no son motivo habitual de grandes preocupaciones; sin embargo, incluso allí, o quizá allí más que en ninguna otra parte, un profundo vacío va succionando la poca alegría por vivir de los pobladores de aquellas tierras. Uno, que no es ajeno a todo esto, y menos aún al dolor ajeno, busca y rebusca por todas partes en busca de soluciones —a poder ser, definitivas— que nos permitan afrontar y sobrellevar la angustiosa realidad que aparentemente vivimos.

Es cierto que durante siglos, y con el ánimo sincero de abordar este sentimiento de vacío, esta sensación de vulnerabilidad y la miríada de miedos, conscientes o inconscientes, han sido publicados infinidad de libros, y toda esta constelación de cuestiones también han estado presentes en multitud de religiones más o menos organizadas, en corrientes de pensamiento, en terapias psicológicas de toda índole a lo largo y ancho del planeta e incluso en investigaciones científicas en busca de fármacos para liberar mente y cuerpo de angustias y malestares —asunto muy peliagudo y complejo este último que no es objeto de nuestra indagación—. Cada una de ellas, al menos las bienintencionadas, se han enfrentado al problema del vacío existencial, de la culpa, del trauma o de la depresión desde un enfoque específico en el que creen a pie juntillas. Sin embargo, a pesar de sus denodados esfuerzos, ninguna de ellas, ni tan siquiera la combinación de varias juntas ha logrado ser esa panacea o ese milagro que el ser humano ansía. A pesar de todos los avances científicos y técnicos, a pesar de toda la preparación, la formación, las charlas, los talleres, los retiros y las diferentes prácticas y los millones gastados, la realidad, la verdad verdadera, es que, hasta el día de hoy nadie, absolutamente nadie, ha logrado transmitir de forma universal e inequívoca un mensaje, un método o una manera que nos permita alcanzar el objetivo de vivir felices, despreocupados y tranquilos. ¿Es tanto pedir? Quizá sí, o quizá no.

Pero no nos dejemos llevar —no tan pronto, al menos— por un desánimo más o menos infundado. No todo es un erial ni un desierto. Uno se ha dado cuenta de que en la lectura de los diferentes libros llamados sagrados, así como de aquellos escritos por grandes pensadores y, digamos, maestros espirituales, ha encontrado verdaderas perlas de iluminación, incluso sabiduría perenne. Eso es cierto, pero no es menos cierto —de hecho, es la realidad, el hecho irrefutable— que hasta ahora ninguno de nosotros o, al menos, nadie que uno conozca, ha conseguido alcanzar esa supuesta «felicidad plena» tras la lectura de ningún libro ni tras la realización de ninguna práctica ni siguiendo las enseñanzas de ningún maestro o gurú. En ese sentido, por desgracia, hoy seguimos tan ansiosos, desesperados, temerosos y confundidos como casi, con toda seguridad, ya estábamos hace miles de años. ¿Para qué tanto progreso si aparentemente estamos igual o peor que nuestros abuelos?

En las páginas siguientes se desarrollan diferentes propuestas con la intención sincera de que seamos capaces de salir de ese estado de continua agitación en el que nos encontramos. Por ejemplo: las respuestas al desasosiego solo las vas a encontrar en la observación de ti mismo. Eso parece ser así y lo intentaremos explicar de forma inequívoca, pero también hay que reconocer, por un lado, que no es un pensamiento original y, por otro, que no es el verdadero propósito de estos libros.

Sabemos, porque ya nos lo han dicho, que en la observación desidentificada y sin juzgar de uno mismo encontraremos momentos de verdadera paz, de calma de mente y espíritu. Pero, como estamos intentando explicar, este no es un grupo de libros de autoayuda ni un manual de cómo sentirse bien con uno mismo. Entonces, ¿qué son estos libros? Escritos en primera persona, estos libros pretenden ser testimonio vital del recorrido personal entre lo comprensible y lo incomprensible. Relatan la experiencia acumulada de años de observación supuestamente desidentificada y recogen los altibajos del camino recorrido.

Son, de alguna manera, una autobiografía que aspira a ser honesta y, en muchos casos, desgarradora, como la que requiere la desnudez total del alma, que es experimentada por uno como un camino vital y de trascendencia. Por otra parte, estos libros han sido publicados desde el convencimiento personal de que en la observación no condicionada de «lo que es» brotará de forma espontánea, sin esfuerzo, una serie de materias profundamente transformadoras. Confío en que, en algunos casos, dichas realizaciones serán la chispa que inicie, en aquellos que las lean y las hagan suyas, toda una serie de procesos —muchas veces incomprensibles— de verdadera transformación interna y externa.

Llegados a este punto, conviene aclarar que las siguientes reflexiones, por tanto, no son más que la consecuencia de una mente inquieta y disconforme, de una mente que lleva buscando respuestas al vacío y a la angustia desde que se creyó la idea fabricada por ella misma de su desidentificación con el entorno y de su exclusividad.

Pero conviene advertir que nada de lo que esta mente haya llegado a creer como verdadero debería tener la consideración de tal por nadie más. Esto no pretende ser y, además, se advierte con firmeza contra ello, nada parecido a un dogma de fe. El camino, como iremos viendo juntos, da y quita. Cada uno de nosotros encontrará la verdad solo allí donde esté cada uno, y en ninguna otra parte. Este es un trayecto difícil, angustioso en muchos momentos, incluso desesperante. Pero es un camino honesto donde, curiosamente, si uno es lo bastante observador y valiente, tendrá la oportunidad de ver, quizá con cierta incredulidad y verdadero asombro, cómo esa «verdad» que en el momento en el que surgió nos parecía inmutable y eterna cambia a cada segundo delante de nuestros propios ojos. Nada es lo que parece y nada permanece como era. Lo que valía ayer, ya no vale hoy. Este es un camino de constante transformación.

Hechas las presentaciones mínimas necesarias y realizadas las advertencias previas, vamos con algunas verdades que lo serán, o no, solo y cuando el que las lea vibre en este momento en la misma frecuencia que existía cuando brotaron en su mente originaria. Pero antes de continuar, algunos breves apuntes y una lamentación.

Estas notas reflejan los pensamientos de la mente del yo[1]* y son, a la vez, caminos de la esencia que

---

1   Creo que puede ser oportuno detenerse un momento para intentar explicar qué se quiere decir cuando se hace referencia a *la mente del yo,* dado que es una expresión que se va a leer innumerables veces en los cinco libros. La mente del yo es la mente que funciona en un estado de yo. Sin una mente, no hay un yo. El yo, para existir, requiere de una mente donde habitar. Por eso hablamos de mente del yo. Es en la actividad de la mente donde se genera la idea del yo. En estos libros se trata de fomentar en el lector la disociación del yo, y para ello se le explica que él no es el yo, sino que la mente, *su* mente, está generando una serie de actividades mentales a las que ha puesto el nombre de «yo». Es decir, la mente puede seguir siendo mente sin la idea a la que denomina «yo». Por el contrario, el yo no puede existir sin una mente. No se utiliza la palabra «persona», porque no es exactamente identificable, tiene un componente material muy alto. Sin duda, se podría haber optado por el término «individuo», pero, de parecida manera, cuando usamos esa palabra uno piensa

solo pueden ser recorridos en soledad, en silencio y sin pretensiones.

Estas notas reflejan los pensamientos de la mente del yo y son, en muchos casos, quejidos y llantos enmudecidos, gritos de auxilio, señales de socorro.

Estas notas son la manera que tiene uno de rescatarse a sí mismo, de socorrerse.

Estas notas son refugio. Son compañía. Son hogar.

Estas notas no son un manual de nada, ya lo hemos dicho y seguiremos insistiendo en ello —porque es importante subrayar lo que no son—, y mucho menos constituyen un manual para encontrar la paz interior. Tampoco son una novela ni un cuento para niños ni intentan entretener. Las reflexiones aquí recogidas no están ordenadas según el patrón clásico de planteamiento, nudo y desenlace. Se trata de una sucesión de libros más o menos densos que, según me tomo la libertad de creer, requieren ser leídos con detenimiento para poder analizar cada frase y comprobar su validez según las circunstancias personales del lector, también oponiéndose a ellas, pero haciéndolo con profundidad. Son libros

---

también en su cuerpo, sus órganos, etc. Sería correcto, pero entiendo que utilizarlo en este contexto distrae al lector de lo que se intenta mostrar. Al hablar de *la mente del yo* se trata de que el lector dirija su atención a su mente, a los procesos mentales que ocurren en ella, ya que ahí es donde nace la idea del yo, la idea de desidentificación con todo lo demás.

que quizá requieran volver a lo ya leído, pensar, detenerse, dejar de pensar, comprender, olvidar, ser, dejar de ser, permitir la transformación y observar detenidamente. Estos libros no son un mapa ni pretenden guiar a nadie en su camino, son, si se quiere, un cuaderno de bitácora, un diario de a bordo.

También, y por qué no y por lo mismo, son textos libres, que fluyen y pueden construir un relato independiente para cada lector en una lectura aleatoria.

Por último, uno lamenta profundamente haber fracasado a la hora de aportar una solución a la humanidad que la libere del ego. Con el tiempo, he llegado a darme cuenta, humildemente e incluso con un punto de humillación, como no podía ser de otra manera, de que tamaña tarea solo puede ser llevada a cabo con la fuerza de lo incomprensible. De ese modo..., permítaseme cierto matiz sardónico, estos libros son un humilde tributo y una imploración a la fuerza de Dios, al arcángel san Gabriel para que, si tiene a bien, nos guíe, nos dé fuerza y discernimiento.

Estos libros solo pudieron ser escritos en las circunstancias en las que fueron escritos. Y nunca jamás volverán a ser escritos en estos términos.

El camino nunca es lineal. A veces, el camino es circular, incluso espiral, pero tampoco lo es siempre. Cuando pensamos que estamos avanzando, estamos retrocediendo, y al revés. Cuando creemos que subimos, bajamos. Cuando creemos que hemos encontrado la salida, estamos de nuevo en la casilla de salida. Mantengamos la vista y el resto de los sentidos completamente abiertos. Vienen curvas y podemos acabar en la cuneta. De hecho, veremos cómo permaneceremos mucho más tiempo en la cuneta que en el camino. El camino es como es y requiere permanente vigilancia. Ánimo, no estamos solos.

Comenzamos con un pequeño cuento a modo de introducción. Este relato muestra el camino que recorre una niña desde el estado del yo hasta el estado de no-yo. Será el hilo conductor y el resumen de esta colección. Si fuera posible, la combinación de la inocencia de su protagonista y de la profundidad de una mente no condicionada producirá una lectura más provechosa.

La escafandra de la astronauta

Esta es la historia de Albalejandra (en adelante, Al), una niña parecida al resto de las niñas, que nació en una colonia avanzada en un planeta muy lejano. Desde que nació, sus padres, preocupados por su bienestar, le dijeron que en aquel planeta el aire era irrespirable y mortalmente tóxico. Al, que nunca tuvo motivos para desconfiar de sus padres, creció en aquel ambiente sin imaginar nunca que aquello podría ser diferente a como le habían contado. Todas las mañanas salía de una de las casas burbuja en las que vivía la población para dar un paseo y jugar con sus amigos. Antes de salir, se ponía su traje espacial de color blanco, sus botas de color rosa, sus guantes rosas y su escafandra blanca, con su nombre grabado también en rosa. Al disfrutaba muchísimo jugando, corriendo e inventando juegos fantasiosos con sus amigos, pero no podía evitar preguntarse cómo sería vivir en un planeta donde poder vivir sin el traje de astronauta, un lugar en el que poder correr libre sin el peso de las botas, los guantes ni la escafandra. Obviamente, Al nunca intentó tamaña osadía, ya que era una niña muy cauta y tenía perfectamente interiorizado que el aire de aquel planeta era muy tóxico.

Como es normal, pasó el tiempo y la niña creció. El traje de astronauta había sido fabricado en un tejido elástico, pero ella había crecido más de lo que se esperaba a su edad y ya empezaba a quedarle pequeño. De hecho, cada día estaba más incómoda con aquel traje que le impedía moverse con libertad y en el que empezaba a respirar cada vez con mayor dificultad. Por desgracia, en la colonia espacial tan lejana no sobraban los recursos, disponían de lo mínimo para sobrevivir e ir adaptándose al planeta. No estaba previsto que Al fuera a necesitar un traje más grande a su edad y tampoco tenían forma de modificarlo ni de fabricar otro.

Un día, que resultó no ser como un día cualquiera, cuando Al estaba sentada sobre una roca, pensando en sus cosas, una pequeña piedra llovida del cielo impactó contra el cristal frontal de su escafandra, que de inmediato comenzó a despresurizarse. Al entró en pánico, pero, siguiendo el entrenamiento recibido para emergencias como esa, controló la respiración y, sin prisa, pero sin pausa, se dirigió hacia la burbuja más cercana. Allí, la sometieron a todo tipo de pruebas médicas para ver si había sufrido algún tipo de intoxicación. No encontraron nada significativo. Aún con el susto en el cuerpo, la reprendieron por haber sido tan descuidada. Había sonado la alarma de detección de meteoritos, pero ella, que estaba casi siempre en su mundo, no la había escuchado. En vista de lo ocurrido, y dados los pocos medios de los que disponían, reforzaron como pudieron el cristal de la escafandra de Al y añadieron una capa de un material más resistente a su traje para prever posibles impactos o roturas accidentales. Dichos refuerzos impedían aún más la visión a través de la escafandra y limitaban su movilidad. Era el precio que había que pagar por estar segura. Desde entonces, Al miraba su reflejo en los cristales de las edificaciones intentando buscar algo que pudiera darle una pista de qué es lo que había ocurrido años atrás. Pero únicamente veía su escafandra en los cristales azulados de las casas burbuja. Aquello no parecía ser de mucha utilidad.

Transcurrieron unos años más. La joven Al no era feliz y se sentía agobiada. Algo en su interior le decía que la vida, su vida, no tenía mucho sentido. Su estado emocional no era muy diferente al de cualquiera de su edad, solo que Al se estaba dando cuenta de que algo no funcionaba y de que quizá la cosas, en realidad, fueran de manera diferente a como ella y los demás las veían. Además, seguía sin poder quitarse de la cabeza aquel incidente con el meteorito que había tenido años atrás. Las diferentes pruebas que hicieron a Al mostraron que había estado respirando el aire tóxico del planeta por un breve espacio de tiempo; sin embargo, no habían detectado toxicidad en su organismo y los análisis no señalaban nada fuera de lo normal. Tanto los médicos de la colonia, así como sus amigos y sus familiares atribuyeron aquello a un milagro. Todos estaban conformes con aquella explicación, pero era Al la que tenía que vivir todo el día con ese pensamiento recurrente en su cabeza y siendo como era, además, una joven muy racional, no creía en los milagros. «Tiene que haber una explicación científica», se decía.

Empezó a cuestionarse si realmente el aire de aquel planeta era tan tóxico y tan peligroso como le habían dicho, si de verdad se necesitaba un traje espacial tan pesado y una escafandra tan incómoda para vivir fuera de las burbujas. Así que una noche, incapaz de conciliar el sueño y harta de vivir la vida con miedo, ansiedad, angustia y sintiéndose aislada del exterior, sin pensarlo mucho —pero completamente convencida de que hacía lo correcto—, decidió enfundarse su traje espacial y caminar durante horas y horas hasta encontrarse muy lejos de las burbujas, más allá de la distancia máxima de seguridad. Iluminando el camino con las luces de su escafandra y con la ayuda de las cinco lunas que aquella noche habían salido, como si quisieran saludarla, ascendió durante toda la noche hasta lo más alto de una montaña por la que se sentía fascinada desde pequeña. Se sentó allí, sola, en lo más alto, disfrutando de las vistas que, iluminadas por las lunas, se abrían ante sus ojos. Delante de ella había un valle enorme y a los lejos parecía haber algo diminuto que se movía furtivamente de un lado para otro. Pensó que sería fruto del cansancio de la subida y de la excitación por haber alcanzado la cima.

Conviene aclarar que hasta ese momento ninguno de los miembros de la colonia se había aventurado hasta aquel lugar. Ni los vehículos espaciales de los que disponían ni los drones de reconocimiento podían acceder a aquella zona. Quizá fuera por el magnetismo de las rocas o por otros motivos que los científicos nunca pudieron averiguar, pero el hecho es que aquello era territorio desconocido por completo, *terra incognita,* como muchos lo llamaban, y el acceso allí estaba terminantemente prohibido, como indicaban con claridad unas enormes señales: «Peligro. No pasar».

Unos y otros solo podían especular sobre cómo sería aquella zona, pero nunca encontraron la motivación suficiente como para arriesgar sus vidas y dirigirse allí en busca de respuestas.

Al era una niña extremadamente cauta, nunca en su vida había asumido ningún riesgo innecesario. Sin embargo, aquella aventura no le causaba ningún miedo. De alguna manera, sabía lo que iba a suceder. Algo en su interior le decía que no se preocupara, que confiara y siguiera con su idea inicial. Con ese convencimiento, comenzó a soltar uno a uno, con un destornillador especial, los tornillos que unían la escafandra al traje. En cuanto empezó a filtrarse el aire exterior hacia el interior de la escafandra, en un acto reflejo, Al contuvo la respiración. En ese momento, al igual que el día del impacto del pequeño meteorito de años atrás, el pánico se apoderó de ella. El miedo a morirse le aterrorizaba.

Sola, sin poder respirar, pensando en la estupidez que acababa de hacer y ya sin capacidad para poder volver a recuperar la estanqueidad de la escafandra, con el sentimiento de estar a punto de morir por la falta de oxígeno, el tiempo se detuvo y su mente recreó todos los momentos que había vivido desde que nació. Recordó con pena que su vida dentro de la seguridad de la escafandra no era una vida feliz, que el miedo y la ansiedad habían ido apoderándose de ella poco a poco y que hacía mucho tiempo que no encontraba placer de vivir ni sentido a la existencia. Se dijo a sí misma que hasta aquí había llegado, que le hubiera gustado poder despedirse de sus amigos y de sus padres, pero aceptaba el lugar hacia donde fuera que le tocaba transitar ahora.

Una vez controlados los latidos del corazón, decidió soltar los miedos, se quitó lentamente la escafandra, abrió bien los ojos, miró al sol que aparecía tímidamente por el horizonte y pensó en lo agradable que era sentir sus rayos en la cara. Sintió por vez primera el aire moviendo su flequillo, tomó la que pensó que iba a ser la última bocanada de aire e hinchando bien sus pulmones con el aire supuestamente tóxico del planeta descubrió, para su sorpresa, que aún seguía viva. Incrédula, expulsó al aire, volvió a inspirar profundamente y se dio cuenta de que no le pasaba nada; de hecho, se sentía bien, incluso mejor que nunca. Sin pensarlo mucho, se quitó el resto del traje, lo dejó recogido a un lado, se levantó y comprobó cómo era moverse con total libertad por aquel espacio que, comparado con el reducido tamaño de las burbujas, le parecía casi infinito. Saltó, corrió, gritó, rio y lloró al darse cuenta de que ya no estaba atada a una escafandra ni limitada a alejarse a poca distancia de las burbujas. Se dio cuenta de que a partir de este momento podría explorar el planeta entero en toda su inmensidad sin miedo, sin ansiedad y sin sentir culpa.

La sensación de felicidad era tan inmensa como el planeta en el que vivía. Deseando compartir su descubrimiento con aquellos a los que amaba, volvió corriendo hacia las burbujas. Al no solo quería compartir su felicidad con ellos, sino que también quería contarles su experiencia con el fin de liberarlos de sus miedos y de sus limitaciones.

Cuando se acercaba a la burbuja, pudo escuchar las sirenas que se emitían desde los altavoces. Se habían disparado los protocolos de emergencia, se habían enviado sondas y patrullas de salvamento en su búsqueda, estaban ya en fase tres de alerta de seguridad y habían empezado a darla por pérdida. Antes de poder entrar por la puerta de la burbuja, un dron la detectó y emitió un aviso: «Alto, deténgase». Al obedeció e inmediatamente se acercaron a ella varios miembros de la colonia. Cuando la reconocieron sin su traje de astronauta, se la llevaron a una sala especial de descontaminación. La mantuvieron allí aislada, sin poder ver a sus padres ni a sus amigos durante varios días.

Al no entendía nada de lo que estaba ocurriendo. Ella solo quería compartir con todos ellos lo que había descubierto y, sin embargo, ninguno de ellos parecía creerla ni escucharla. La sometieron a todo tipo de pruebas y no encontraron nada que tuviera sentido. Sus análisis demostraron que había elementos en su sangre que no eran habituales, pero lo más curioso eran los resultados que afloraron del escáner de su cerebro. Descubrieron áreas del cerebro relacionadas con la empatía, la compasión, la gratitud y el amor que estaban profundamente desarrolladas y activas, mientras que aquellas otras relacionadas con el instinto de supervivencia, el miedo y la ansiedad habían disminuido hasta su casi total desaparición. Aquello no tenía ninguna lógica desde el punto de vista médico, ya que esas áreas eran necesarias para un funcionamiento correcto de la mente. Su deterioro se relacionaba con un comportamiento disfuncional y con rasgos de esquizofrenia. Mientras tanto, las semanas pasaban y seguían sin permitirle contactar con ninguno de sus familiares ni amigos y tampoco parecía que estos estuvieran muy interesados en su estado actual. De alguna manera, unos y otros la habían dado por perdida. Ya no la veían como antes e incluso ya no la reconocían como su hija y su amiga.

Harta de esperar a ser comprendida, en un acto de profunda comprensión y de amor hacia sí misma, Al se quitó los tubos que la unían a las máquinas, aceptó la totalidad de su ser como algo natural, escribió una nota con el ánimo de dejar testimonio de su camino, por si aquello pudiera serle de utilidad a alguien y, con cierta pena, pero completamente convencida de lo que estaba haciendo, emprendió su camino lejos de aquellas burbujas, dispuesta a recorrer los rincones más espectaculares de aquel increíble planeta.

Cuenta la leyenda que un día las cámaras de un dron de reconocimiento la grabaron corriendo feliz, riéndose junto a otros «locos» que, como ella, se habían quitado en algún momento de su vida la escafandra y se habían lanzado a recorrer territorios inexplorados. Nunca más volvieron a saber de ella ni ella de ellos, pero en su carta de despedida dejó escrito que sentía un amor profundo por todos ellos y que, de alguna manera, sabía que un día volverían a cruzarse y que juntos recorrerían de nuevo algún tramo más del camino. Nadie entendió en aquel momento a qué camino se refería.

1. El foco en el yo

«¿Qué hay de lo mío?» es, quizá, una de las preguntas
más destructivas de la historia de la humanidad.

Entramos directamente en harina. Sin rodeos.
Recordamos que esto no es un cuento para niños. La situación es catastrófica y hay que abordarla
cuanto antes. El mundo, tal y como lo conocemos, se
está yendo por el desagüe. Es urgente darse cuenta.
Comencemos.

Cuando uno dice «soy feliz» o «estoy mal» o «te
amo», la primera reflexión reveladora para profundizar en la comprensión de uno mismo probablemente tendría que ser algo como ¿quién es aquel que
dice que es feliz, que está mal o que ama al otro? Ese
tipo de cuestiones personales e introspectivas serán
las llaves que nos ayudarán a abrir la cerradura del
autoconocimiento. Si uno no se plantea de manera
constante y durante toda la vida este tipo de preguntas resultará muy difícil que pueda moverse del
lugar donde está, quedando, posiblemente, estanca-
do en un estado de incomprensión y de sufrimiento.

Si realmente existe un verdadero interés por
avanzar hacia un conocimiento más profundo de
uno mismo, la respuesta a estas cuestiones nos con-

ducirá invariablemente hacia la realización de que existe algo a lo que llamamos «yo», siendo ese «yo» la piedra de bóveda de la actual experiencia humana, el esqueleto mental de nuestra supuesta conciencia. E independientemente de que alguna vez le hayamos prestado la suficiente atención o no, ese algo llamado «yo» está siempre ahí, conectado y vigilando, controlando, juzgando, decidiendo, ordenando.

Darse cuenta de la influencia del yo en nuestras vidas es tan importante que buena parte de los sistemas religiosos y filosóficos nacieron orientados, de forma más o menos consciente, hacia la trascendencia del yo, considerándolo como la fuente de todo dolor, sufrimiento, angustia, ansiedad y tristeza. Esas mismas enseñanzas predican que cuando salgamos del yo, comenzaremos a ser libres y dejaremos de preocuparnos por nosotros mismos y por las cosas que consideramos importantes; entonces, comenzaremos a conectar con la esencia y, finalmente, dejaremos de ver la supuesta realidad (matrix) para ver la verdad. Y seguramente sea cierto.

Llegados a este punto, resulta evidente que para poder seguir avanzando en el camino del autoconocimiento sería razonable preguntarse: ¿qué es realmente el yo?

Vamos a tratar de explicarlo. Pero antes de seguir, conviene que cada uno intente detenerse aquí mismo, durante el tiempo necesario, hasta que consiga darse cuenta de la importancia trascendental que tiene esta pregunta: ¿qué es el yo? Porque sin el conocimiento firme del yo, uno no podrá alcanzar a comprender *aquello que no es el yo*, es decir: el infinito. Sencillamente uno no puede descubrir qué hay más allá si aún no sabe quién es, por qué siente lo que siente, por qué unas cosas le afectan más que otras o de dónde procede la angustia vital, por ejemplo. No podemos lanzarnos a explorar el infinito cuando no somos aún capaces de responder a la pregunta: ¿quién es el que busca el infinito?

En esta primera parte vamos a intentar descubrir juntos qué es aquello a lo que llamamos «yo» y cómo nos afecta, nos guste o no, seamos conscientes o no, en nuestras vidas. Es un camino que no está exento de dificultades, porque básicamente se trata de verse uno a sí mismo a través de uno mismo, pero dejando de percibirse a la vez como uno mismo, y este es un trabajo personal y muy duro que, lamentablemente, nadie puede recorrer por nosotros. Es el camino, nuestro camino... Y ya sabemos —porque nos lo dijo el poeta— que realmente no hay camino y que el camino se hace al andar. Veremos, además, que el camino nunca va a ser como esperamos. Que lo obvio se convierte en absurdo y lo absurdo en cierto. El camino es impredecible.

Es necesario advertir desde el inicio que en la aventura hacia el conocimiento de uno mismo estas reflexiones no pretenden ser una guía. Lejos de mi intención trazar sobre el mapa un recorrido infalible. En todo caso, serían un intento, quizá tan inútil como inconsciente de la mente del yo, de encontrar amparo ahí fuera, aun a sabiendas de que la ayuda mejor y más válida la vamos a encontrar dentro de cada uno de nosotros. Estas notas serían, si se quiere, el mensaje en la botella de un náufrago abandonado en una remota isla, llamada Mente, perdida en la inmensa vastedad de un océano llamado Ignorancia. Que nadie espere encontrar, por tanto, sabiduría en ellas. Las palabras —como los sueños son sueños—, palabras son.

Parece importante recordar en este momento que la verdadera sabiduría ya existe en el interior de cada uno, pero que, lamentablemente, no nos damos cuenta y seguimos buscándola en el exterior. Las buenas noticias quizá sean que, para darse cuenta, muchas veces bastará con que seamos capaces de observarnos. Difícil tarea, no obstante.

En esta primera parte parece necesario, también, reconocer que todas las opiniones —y este relato está lleno de ellas— no son más que un intento de manipulación que nace del condicionamiento individual y social de cada uno de nosotros. Advertidos quedamos. Permanezcamos, pues, vigilantes y muy atentos en todo momento. Recordemos también que como, al final, lo único que busca todo ser humano en lo más profundo de su ser es un abrazo, es probable que con estas palabras uno sencillamente esté intentando darse a sí mismo ese fuerte abrazo que no ha encontrado ahí fuera. Por cierto, si alguien —en este momento o más adelante— desea enviar un abrazo a otro ser humano, que sepa que este será profundamente sentido y agradecido por todo el camino durante toda la eternidad. Benditos sean los abrazos sinceros.

Por último, es imperativo reconocer que nada de lo aquí expuesto es realmente novedoso, que las frases escritas en estas páginas ya han sido previa y perfectamente recogidas y sintetizadas en todo su sentido y con todo su significado, al margen de los libros, en muchas de las maravillosas canciones y otras manifestaciones artísticas existentes. Solo hay que fijarse, escuchar y dejarse sorprender.

Todo lo dicho ya ha sido dicho antes, con independencia de que nunca haya sido escuchado o incluso haya podido ser olvidado. ¿Nada nuevo bajo el sol, entonces? No exactamente, cada vuelta sobre sí mismo del planeta posibilita renovar el relato, matizar el tono, suavizar las astillas...

2. Consideraciones sobre el yo

En primer lugar, algunas notas iniciales sobre lo que entendemos por el yo. En estos libros no nos vamos a referir al yo descrito por Freud o por los psicoanalistas, ni tampoco al que se describe por parte de autores más recientes, como Sam Vaknin, aunque de alguna manera todo guarda una cierta relación entre sí. Tampoco vamos a intentar que esto sea un tratado de psicología ni de filosofía. Lo aquí dicho entrará en contradicción con lo dicho en otras partes, pero eso, lejos de preocuparme, creo que es bueno. A continuación, lanzaremos algunas ideas sobre lo que sería el hipotético yo desde nuestra perspectiva. Conviene aclarar que, con carácter general,[2*] se van a utilizar indistintamente los términos «yo» y «ego». En nuestro caso, ambos términos significan exactamente lo mismo. Se emplea uno u otro por simples propósitos expresivos, siendo completamente irrelevante cuál empleamos.

El yo es la idea que tienes de que tú eres tú. La clave de esta reflexión es que el yo es una idea gene-

---

2   Solo en alguna ocasión muy puntual se ha diferenciado para evitar reiteración en la frase o para llevar algún matiz concreto al relato en curso, sin llevar al ego al terreno de la instancia psíquica distinta del yo-individuo.

rada en la mente y que esa idea puede resultar equivocada o incompleta.

El yo es la etiqueta que llevamos colgada en la que figura qué producto somos y nuestro precio. Cuando entramos en un supermercado, vemos que cada producto tiene una etiqueta que describe qué es lo que está allí expuesto en el estante y cuánto habría que pagar por él. En el caso del yo, esa etiqueta también nos la ha colgado alguien, ya sean nuestros padres, nuestros amigos, nuestros jefes o la sociedad en su conjunto. También nos han dicho cuál es nuestro valor, ya sea en función de lo que ganamos con nuestras nóminas o de cuánto producimos. Uno de los aspectos más interesantes a la hora de darnos cuenta de la existencia del yo es descubrir que ni tan siquiera hemos sido nosotros mismos los que nos hemos colgado la etiqueta que dice quiénes somos y cuánto valemos.

El yo es la acumulación de experiencias en forma de recuerdos. Por tanto, el yo existe en el plano de la mente y está sujeto a la fragilidad de la memoria y a sus incontables sesgos.

El yo es la memoria de lo que fue y ya no existe. No es algo físico ni se circunscribe a un cuerpo, aunque sea memoria de sensaciones físicas y corporales previas.

El yo es la cristalización de la memoria. Existe como proceso mental y pierde frescura y flexibilidad con los años vividos.

El yo se identifica con las experiencias que ha vivido y con los recuerdos que tiene de esas experiencias. Es excluyente, es decir, no se identifica con aquello que no ha experimentado sensorialmente.

El yo dice: «Soy las experiencias que he vivido». Ignora todo aquello que no considera que él ha vivido. Es autolimitante.

El yo es la identificación con el recuerdo de la interpretación que, en un momento, la mente hizo de ciertas experiencias pasadas. Sin identidad, no hay yo.

El yo es la identificación con el pasado —el recuerdo— y la proyección en el futuro —el anhelo—.

La mente casi siempre funciona desde el yo, es decir, desde el recuerdo y hacia el anhelo, pasando de puntillas o completamente a ciegas por el presente.

La mente ha creado la idea del yo y vive encerrada en ese centro —egocéntrico—, aislada de todo lo demás, reprimida, limitada, sometida. Y desde ese centro —el yo— pretende ver la verdad como un astrónomo quiere ver la verdad del universo con la única ayuda de su telescopio casero. Ambos, a causa de las limitaciones de los instrumentos que utilizan para explorar el entorno, se están perdiendo la inmensidad del infinito.

La ilusión del infinito no es el infinito.

El yo es la rigidez, la falta de flexibilidad, el oponerse activa y pasivamente a la transformación. Es la permanencia, el recuerdo, la memoria.

La mente se aferra a la experiencia del yo y se proyecta y relaciona exclusivamente desde ese centro imaginado por ella misma.

La mente se identifica con ciertas sensaciones y construye el yo, la conciencia de mí mismo, en función de los recuerdos, las experiencias, los sentimientos, el pensamiento y el conocimiento. La memoria se compone de recuerdos de sensaciones pasadas. No se recuerda la experiencia completa, solo las sensaciones que aquella experiencia nos produjo en su momento. Y a esas sensaciones se aferra el yo para permanecer y darse continuidad.

La experiencia pasada ocurrió como ocurrió y, ciertamente, se produjo una experiencia en aquel momento, pero lo que hace el yo es aferrarse a la sensación recordada y vivir el presente desde la sensación recordada. El recuerdo de las sensaciones pasadas impide que se preste atención plena al presente. Ese es uno de los muchos problemas que genera el yo con el recuerdo sesgado de las sensaciones. Hoy vemos el mundo con las gafas del ayer. Realmente no vemos, rellenamos huecos con nuestros recuerdos, con nuestras expectativas.

El yo actúa desde el inconsciente. No somos conscientes de cómo afecta a toda la actividad cerebral. Es como una aplicación de un *smartphone* actuando en segundo plano, consumiendo batería, memoria y capacidad del procesador sin que nos demos cuenta.

El yo es una limitación, un corsé que nos impide experimentar la vida tal y como realmente es. El yo es sesgado, es condicionamiento puro. En ese condicionamiento ha actuado desde antes del nacimiento la propia biología, la genética; y, en cuanto nacemos, empiezan a actuar sobre nosotros, consecutiva o simultáneamente, la infancia, los padres, la familia, los compañeros del colegio, los amigos, las parejas, los medios de comunicación, las redes sociales, los sistemas políticos y religiosos, las creencias propias y compartidas, la biología, la naturaleza y..., en fin, todo lo que existe.

El yo se identifica y se proyecta en la existencia física. Pero existe únicamente a nivel mental. ¿Un ser humano en coma se identifica con el yo?

La identificación crea el yo. Uno cree ser aquello con lo que se identificó, sea eso cierto o no.

El yo es una barrera para ver la verdad. Su sesgo impide verla.

El yo crea la esfera de lo que concibe como el mundo y se limita a sí mismo a esa esfera.

En este momento, la conciencia está atrapada en la esfera del yo —aunque, en realidad, la conciencia parece ser anterior al yo, capaz de existir sin él y fuera del tiempo—.

El yo no puede aceptar la inexistencia. Solo comprende la existencia en cualquiera de sus formas.

El yo es como un alien que habita en la mente, como una fuerza forastera que controla la mente y la esclaviza según sus deseos. La mente es esclava de este yo alienígena.

El yo se aferra a su identidad porque existe gracias a ella.

El yo tiene limitaciones. Una vez reconocida su existencia, es normal sentir cierta animadversión hacia él. El yo es como ese amigo o esa pareja o familiar del que esperábamos tanto y que, finalmente, siempre acaba por defraudarnos. Porque, por más intensamente que el yo intente cumplir sus propias expectativas, llega un momento en el que no va a poder cumplirlas. Y es que no es todopoderoso: es limitado.

Cultivarse en lo que sea es una acción del ego. El yo cultiva con el fin de cosechar para consumir y sobrevivir. Creo que esto último merece una explicación. Siempre se ha entendido y aceptado que cultivar la mente es algo bueno y, sin duda, lo es. Sin embargo, también podemos preguntarnos, creo que de forma legítima: «¿Para qué estoy cultivándome?, ¿cuál es el objetivo final?». Podemos, entonces, ver si lo hacemos porque ello está en la naturaleza de nuestra alma —en cuyo caso, sería el alma la que está en un proceso transformativo de forma natural—, o si, por el contrario, es el yo el que está intentando cultivarse para poder depredar más y mejor a todo lo que le rodea. Dirimimos así si se trata de un proceso natural o es un cultivo interesado, centrado en uno mismo para aprovecharse de los demás y explotarles de forma más eficiente, e incluso para explotarse uno a sí mismo. Es un pensamiento incómodo, pero de esto se trata en este caso, de generar un cierto malestar con el fin de que el lector se plantee hasta qué punto su mente está controlada por el yo, incluso en aquellas actividades que consideramos más sublimes, más artísticas o más intelectuales.

El ego sigue enloquecido, instalado en el mañana. Y en el ayer. Pero nunca en el presente. La actividad del ego es frenética, agotadora. El yo consume la mayor parte de la actividad cerebral.

La mente no es libre, ha sido invadida por el ego, por el condicionamiento. Somos esclavos del yo y pensamos que son los otros los que nos someten.

El ego arruina la felicidad. Donde hay yo, no hay cabida para la felicidad.

El yo es una ilusión. Pero no todas las ilusiones son ilusionantes, muchas son amenazantes, al margen de que simplemente no sean reales.

El yo es un estado de ilusión, de delirio. La ilusión del yo.

El ego es como los brazos de miles de zombis que tratan de llevarnos al fondo del abismo con ellos. Podemos darnos cuenta, si prestamos la suficiente atención, de cómo somos arrastrados hacia las profundidades abisales.

Curiosamente, el ego solo desea la muerte de uno mismo. Porque no somos el yo, aunque la mente crea que sí.

El ego sigue alimentándose a sí mismo. Alimentando al monstruo. Y así seguirá mientras sigamos como hasta ahora.

El ego es insaciable. Es el origen de toda ambición y codicia.

El ego es un fuego que consume todo lo que tiene a su alrededor, destruyendo hasta las cenizas a familias, relaciones, amistades y, sobre todo, a la propia mente invadida por el ego. Uno lo ha visto cuando ha podido ver sin las gafas del yo.

Las olas que nos revuelcan en la playa son las olas del yo. Son las oleadas del yo que nos sacuden como un tsunami cuando estamos tumbados tan a gusto en la orilla de la playa. Esas olas de sufrimiento y de angustia son las embestidas del yo.

Darse cuenta de la fragilidad y de la frugalidad sobre la que se construye el yo es parte del camino. Lo veremos más adelante con más detenimiento.

Uno siente el peso del yo como siente el peso de la gravedad. ¿Acaso existe alguna de esas fuerzas? Existan o no, las sentimos como si lo hicieran.

Sin el yo no existiría la idea de enfermedad. Existiría la observación de transformación y, además, desaparecerían muchas enfermedades que llamamos mentales y psicosomáticas.

El yo es una anomalía tan profunda en la conciencia total que cuesta comprender su significado y su propósito, si es que tiene alguno.

Lo que tienen en común unos seres humanos con otros es el yo. En el no-yo no hay individualidades.

Y, a pesar del yo, seguimos. Y seguiremos.

El camino es el que es. Iremos dándonos cuenta de su existencia.

3. El yo y la mente

En este punto conviene subrayar de nuevo —y se hará en alguna ocasión más, igual que ahora, por negación, apofáticamente— que *Fidedignum* no es un diccionario, no es un texto académico, tampoco un tratado de neurología ni de psicología, y que algunas de las afirmaciones que aquí se hagan sobre esos campos tienen una finalidad puramente descriptiva, didáctica e, incluso, en muchos casos, se trata tan solo de licencias narrativas. Las afirmaciones aquí vertidas, en fin, no han sido sometidas al método científico, que no superarían, ni es ese su propósito. De hecho, buena parte de las afirmaciones aquí expuestas serían refutadas desde el ámbito de la ciencia actual. No podría ser de otra manera. Sin embargo, su valor —confío en que alguno tenga, sin entrar en mediciones— no radica en el rigor científico, sino en la capacidad de despertar la curiosidad en el lector sobre su propio ser. Esto es más arte que ciencia, con independencia de que, lamentándolo mucho, no esté a la altura de la mayoría de los escritores que han poblado y pueblan este planeta.

Continuemos entonces. El camino es el que es, pero hasta que uno no lo ve, parece que no existe ningún camino.

En un momento dado, la mente surge en el cerebro, entendiendo por la formación de la mente la especialización de la actividad cerebral que genera el mundo de las ideas y de los pensamientos. No entraremos, como es natural, en el complejo y apasionante «problema mente-cerebro», que conlleva asuntos de profundo calado, como la existencia o no de una parte inmaterial en el ser humano. (En el fondo, quizá ya hemos tomado partido, pero es algo que el propio lector irá captando). Lo que sí sabemos, porque la ciencia nos lo ha explicado, es que la descripción de la mente y de la actividad cerebral es mucho más compleja que lo que aquí exponemos. Aquellos que estén interesados en la neurociencia, es mejor que acudan a la literatura de especialistas. Nazareth Castellanos, por ejemplo, nos cuenta muchas cosas sobre neurociencia con una facilidad pasmosa. Lo nuestro, insistimos, no es ciencia, es algo completamente diferente.

Durante el desarrollo del discernimiento, en algún momento, aparece la idea del yo. Eso conllevará un ¡eureka! que, sin embargo, tendrá consecuencias «catastróficas» para el futuro del ser humano. Es también la fuente del sufrimiento que, de no poner remedio, dirigirá a partir de ese momento toda la experiencia humana.

Casi a la vez, y alrededor de esa idea central del yo, la mente, en pleno proceso de transformación, generará la idea del «soy». El «yo» es vinculado entonces y para siempre con el «soy» y, a partir de ahí, generará la idea del «yo soy». ¿Acaso sería el «yo soy» el verdadero pecado original del que hablan las Sagradas Escrituras? Nos estamos adelantando.

Conviene darse cuenta de que tanto el «yo» como el «yo soy» no son más que comprensiones parciales de la realidad. Son falsas premisas, sesgos, construcciones sobre las que la mente del yo construye la comprensión del mundo y su forma de relacionarse con él, siendo, además, el origen de toda violencia.

Las consecuencias que tiene la idea delirante del «yo soy» y su centralidad en todo el esquema mental del ser humano resultan difíciles de comprender por la mente humana de un adulto, ya que este lleva siendo «engañado» por la mente del yo, viviendo en la mentira, probablemente incluso desde antes de nacer.

El aquí y el ahora son ideas del ego.

En su delirio, la mente del «yo soy», la elaboración del yo, genera todo tipo de conceptos que le dan soporte. La mente del yo tiende, lamentablemente, a la coherencia y a la búsqueda de significado. Luego veremos por qué nos referimos a la coherencia como un problema para la comprensión de lo que es.

La mente del yo es un generador de hipótesis y se vertebra sobre el conocimiento adquirido previamente. Como uno de los primeros conocimientos es, probablemente, la idea del «yo soy», a partir de ahí la mente del yo va a seguir intentando comprender aquello que experimenta en primera persona a través de los sentidos. En ese proceso de vertebración, la mente del yo generará el concepto de espacio: «Si yo soy yo, entonces tú tienes que ser tú». La mente del yo acaba de inventarse en ese preciso momento la idea de división, de separación física. Y esas creencias de separación y de división darán lugar a la idea de que tiene que existir algo llamado «espacio», puesto que sin ese tejido espacial no podría existir ninguna separación, ninguna división, ningún tú y ningún yo:

Si yo soy yo y no soy tú, entonces yo estoy aquí y tú allí. Y así construyo el espacio tridimensional.

De la misma manera, la idea del «yo soy» da lugar a la idea del «tiempo» (soy vs. era vs. seré). Si yo soy ahora, significa que antes no era o era otra cosa, y también que luego no seré o seré otra cosa.

Si yo soy yo, así como soy, y percibo cambios en mí, entonces, lo que construyo es el concepto del tiempo para explicar esos cambios.

Y todo ello guarda una lógica aplastante para el ego y desde el punto de vista del ego, fundamentalmente porque es el ego el que ha ido generando una hipótesis tras otra hasta alcanzar aquella teoría que no puede ni sabe refutar y que, por tanto, da por válida como una verdad suprema: «Yo soy un individuo».

¿Es el triunfo de la razón el fracaso del ser humano? Lo es, y en los siguientes párrafos trataré de explicar a qué se hace referencia con una afirmación que, como verso suelto, se podría malinterpretar, puesto que no se quiere decir ni defender lo contrario, la sinrazón, la irracionalidad ni la brutalidad, negar algo no es afirmar su antónimo. Estamos en un estrato distinto —ni mejor ni peor— en donde trata de enunciarse que el ego construye y transforma el mundo a su alrededor en función de su única conveniencia.

Los conceptos de los que hablamos antes, «tiempo» y «espacio» —y también «forma», todas ellas cualidades del yo— son la base de todo el pensamiento racional humano y las bases de todos los sistemas humanos: científicos, políticos, económicos, sociales, etc. Es misión casi imposible demostrar a nadie que casi todo lo que sabe el ser humano es mentira, que los sistemas sobre los que se organizan están basados en falsas asunciones y que, salvo que algún día lleguen a ver la verdad, hasta ese día, estarán condenados a vivir este proceso de vida y muerte, este bucle, supuestamente racional, que está lleno de vacío y de desesperación. Este infierno en vida. Aun así, conviene intentarlo, simplemente porque, incluso siendo conscientes de que lo que sabemos no es verdad, esto no conlleva que no exista algo que sí pueda ser verdad, aunque no lo sepamos. Ya se dijo antes de otro modo, «yo solo sé que no sé nada», afirmación socrática que no es solo una afirmación de modestia intelectual, sino también la constancia del deseo de ampliar un saber que se reconoce limitado.

Una vez que el cerebro entra en bucle con la idea del «yo», que se pierde en su propio laberinto, se ponen en marcha toda una serie de procesos que tienen como único fin darle sentido a ese yo, salvaguardar su integridad, darle continuidad al bucle como un tornillo de rosca infinita. La mente del yo podría describirse, entonces, como el conjunto de aquellos procesos que tienen como objetivo prioritario mantener el yo a salvo, velando principalmente por su seguridad y por su integridad. Como se ve, los objetivos de la mente del yo no coinciden necesariamente con las capacidades de la mente. Esto lo veremos más adelante al esbozar la conciencia del no-yo.

De la misma manera, las ideas de «permanencia» y de «seguridad» surgen a raíz de la especialización de la actividad cerebral mental en la idea del yo, ya que sin dicha idea no existirían las ideas de la permanencia, el logro, el crecimiento, la salvación, el abandono, el sufrimiento, la ansiedad, la depresión, el conflicto, la guerra, la paz, la dualidad, los opuestos, la separación, la diferencia, la discriminación, la discordia, la historia, el tiempo o el espacio, entre otras muchas, por no decir casi todas las ideas que habitan la mente del *Homo sapiens sapiens*. El yo deviene con el tiempo en un potentísimo generador de ideas sobre sí mismo, ya que, al fin y al cabo, al yo únicamente le interesa el yo y su supervivencia.

Sin embargo, quizás esto no siempre fue así. ¿Es posible que las figuras de Adán y Eva viviendo felizmente en el paraíso simbolizaran el ser humano preyoico, es decir, el ser humano antes de que surgiera la idea del yo? En ese caso, nuestros padres simbólicos vendrían a representar a dos seres que, en realidad, son uno y este se integra con su entorno, viven en unidad y armonía, en perfecta comunión con el todo —con el Uno—, a pesar de su dualidad. Si seguimos con la fábula, la fruta prohibida simbolizaría entonces el nacimiento del yo. En ese supuesto, la manzana representaría la aparición de la idea del yo, el conocimiento erróneo, pero primer conocimiento, al fin y al cabo, de un yo que se siente al margen y aparte de todo lo demás. La manzana se habría convertido en el alimento del «yo soy», en el origen del nacimiento del ser yoico y, con él, de todas las miserias posteriores del ser humano y su exclusión del paraíso. Sea como sea, ese es el verdadero veneno que nos está matando desde entonces, la creencia del «yo soy» vivido desde el yo, transmitida de generación en generación durante milenios, el pecado original con el que nacemos.

La mente del yo es incapaz de pensar en algo sin pasar por el filtro del yo.

Cuando uno es capaz de observarse a sí mismo con detenimiento, con mirada científica, puede comprobar que, al contemplar cualquier cosa o en cualquier dirección, de inmediato la mente del yo va a pensar cómo le afecta eso que está viendo a ella misma. Y es que ante cualquier cosa que experimentamos, inmediatamente pensamos en cómo nos afecta eso a nosotros, qué consecuencias tiene para el yo. Podemos decir, por tanto, que nos relacionamos desde el yo, percibimos el mundo desde el yo y no podemos imaginar el mundo sin el yo porque, simplemente, nunca lo hemos hecho.

Al darnos cuenta de que eso es así, la primera reacción —después de desear que sea mentira y de negarlo con todo lo que uno tiene y sabe— es intentar trascender el yo. Pero la realidad es que cuanto más esforzadamente intentamos trascender el yo, más lo fortalecemos, ya que todo esfuerzo en trascender el yo nace del propio yo y, por tanto, lo hace aún más fuerte. Muchos gurús han fallecido, y con ellos muchos seguidores, intentando trascender el yo mediante todo tipo de prácticas, rituales, ideas y creencias. Todos han fracasado, como no puede ser de otra manera.

En ese estado de frustración y de impotencia, otros prueban entonces a rendirse, a no luchar y a abandonarse; pero, en realidad, sigue siendo otra manera, más elaborada, más sutil de esforzarse y, por tanto, sigue siendo otra forma, pasivo-agresiva, de fortalecer más el yo.

En el esfuerzo, el yo siempre gana.

Tengamos cuidado ahora, en este preciso instante, porque la mente se enreda en las palabras. Ahora mismo, cada uno de nosotros estará iniciando un debate interno sobre la verdad o falsedad de estas palabras, sobre su coherencia. Prestemos la debida atención, porque la mente del yo se enreda en ellas como los peces en las redes de los pescadores. No hay escapatoria posible. El lenguaje fue creado por el yo para poder comunicarse con los otros, para su supervivencia, y es, por tanto, hijo del yo, su creación más potente a su servicio. Intentemos no caer en el debate semántico, en las razones del yo, en las redes tejidas por él desde que nacimos.

El lenguaje se construye desde el yo para satisfacer al yo.

Supongo que por eso todos los idiomas que conozco, y gran parte de los que se hablan en el mundo, tienen en su estructura básica el sujeto delante del verbo o del objeto. Sin embargo, el yo no existe más que en la propia concepción de sí mismo y el sujeto tampoco existe como tal, a pesar de que el yo no pueda concebir la idea de no-existencia. Además, el lenguaje, que como hemos señalado tiene su origen en el yo, tampoco es capaz de expresar la idea de un no-yo, quedando, por tanto, relegado a la circunscripción del yo.

Solamente el arte puede escapar a la estructura semántica del yo.

En este momento conviene recordar la idea de que somos mucho más de lo que la mente del yo cree que somos. Y es el momento de introducir esa idea, porque vamos a seguir explorando cómo la mente del yo actúa como actúa y las consecuencias sobre nuestra percepción del mundo, pero sin caer en un desánimo infundado: hay vida más allá de la mente yoica.

Antes de terminar este capítulo, dejamos unas reflexiones más sobre la mente centrada en el yo.

El pensamiento es una droga. Somos dependientes de las ideas como un adicto lo es de la droga. El yo es una droga potentísima y la mente del yo es adicta a él.

«Tú tan droga, yo tan adicto», escribió el poeta en un muro.

La mente del yo se va y nos arrastra con ella. La mente del yo se va del momento presente y nos lleva al pasado o al futuro. Y lo hace porque aquí, en el presente, no se siente a gusto. En el fondo, está huyendo a lugares y momentos más amables o preparándose para sobrevivir. También se va de la realidad y huye a su mundo de fantasía por las mismas razones.

A la mente del yo le agita que la mente esté agitada, su propia agitación. Es importante darse cuenta de ese bucle, de su retroalimentación: la agitación nos agita.

La mente del yo proyecta una sombra tan oscura que impide que nada nuevo crezca a su alrededor. Al yo no le interesa que exista nada que le haga sombra y hará lo que tenga que hacer para sobresalir.

Ahora, una pequeña analogía para intentar aclarar conceptos y para desdramatizar un poco, que el yo es muy dado al drama.

El robot aspirador

La mente del yo es como un simple robot aspirador. Funciona sobre la base de un programa aparentemente lógico y, sin embargo, a veces se queda encerrada entre las patas de una silla giratoria, dando vueltas sobre sí misma sin poder encontrar la salida. Otras veces, limpia la misma estancia diez veces seguidas ignorando el resto de los espacios.

Nuestro aparato aspira todo lo que encuentra, sin discriminar, aunque a veces lo que encuentra sea un calcetín que provoca que se le atasque y no pueda seguir funcionando. Cuando algo se le atraganta, en lugar de intentar liberarse de ello, sigue haciendo lo mismo, lo que sabe hacer —aspirar— hasta que deja de funcionar.

Cuando se está quedando sin batería, nuestro robot vuelve a su casa a recargarse, pero a veces se lía con los cables de su propia base de carga y no consigue nunca llegar a conectarse, así que se queda delante de su «aparcamiento», descargado por completo.

El robot aspirador solo se desplaza en dos dimensiones. Para él no existe una tercera dimensión, por eso se puede quedar encajado en la parte baja de una cómoda. Por otro lado, cuando el suelo está muy sucio su depósito se llena y, como no sabe vaciarse solo, se detiene y deja de aspirar. No es un aparato sensible ante la belleza del suelo que está aspirando ni a nada de lo que le rodea, nunca se detiene para contemplar la belleza —o fealdad— de su entorno, siempre funciona según su programación.

Abandonamos las analogías para volver sobre la mente del yo, que, además, tampoco se conforma con los límites conocidos y busca expandirse todo lo que pueda. En ese sentido, el teléfono móvil, los ordenadores, internet, etc. son una extensión de la mente. Es la mente del yo la que está creando ese espacio virtual y se está expandiendo a través de él. Gracias al espacio virtual, puede exceder las limitaciones del cerebro y explorar y colonizar nuevos espacios físicos, mentales y virtuales.

Ahora sí, para dar por concluido este capítulo, verteremos algunas consideraciones más sobre la mente, el yo y su confluencia.

Uno está aprendiendo a ignorar eso a lo que llama «mi mente». Con ello, uno quiere decir que está aprendiendo a desdramatizar, a ver más allá.

La mente del yo se dice a sí misma: «Demuéstrame que existe la no-mente». Es una guerra perdida, un intento de «la razón» para que todo siga como está.

La mente del yo solo puede comprender aquello que ella es: mente y yo. Solamente la no-mente puede saber lo que es un estado de no-mente.

La idea de quién eres hace que percibas el mundo de esa determinada manera, y no como realmente es. Más adelante nos detendremos en este punto.

Lo que Pedro ve del mundo dice más de Pedro que del mundo. De hecho, Pedro únicamente se ve a sí mismo, aunque no es consciente de que él y lo que ve siguen siendo él.

Lo que uno piensa de sí mismo tiene más que ver con el yo que con uno mismo, con el funcionamiento de tu mente del yo que contigo.

¿Quiénes somos sin la idea que tenemos según la cual uno es uno? ¿Quiénes somos sin la etiqueta que nos han colgado y con la que nos identificamos? Ahora mismo, no lo sabemos, pero seguiremos siendo; de hecho, posiblemente somos eternos, somos eternidad. Ya éramos también, siempre lo hemos sido y siempre lo seremos, aunque no como creemos... Pero nos estamos adelantando a algo sobre lo que se reflexionará más adelante. Lo dejamos de momento aquí, como deliberado espóiler —permítaseme un poco más de humor para evitar operísticas épicas innecesarias—.

El yo es un okupa. La mente no está preocupada, está simplemente okupada y no hay manera fácil de acabar con la ocupación.

La memoria es la cristalización del pensamiento, la muerte de la mente. Es un estado de no fluir, de permanencia, de aferrarse a lo que no es.

El problema no es el problema, sino nuestra actitud ante el problema. Y la actitud surge de la idea de que estamos al margen del problema.

El queso no es el que hace que el ratón caiga en la trampa, sino la programación del ratón. Lo mismo pasa con la mente del yo.

Pregúntale a la mente del yo si cuando mueras le gustaría ser recibida en el más allá por sí misma ¿Cómo se recibiría? ¿Se juzgaría? ¿Sería compasiva? ¿Amorosa? Esos son los miedos que nos condicionan.

El camino es el que es. Durante buena parte del trayecto, caminaremos por los tramos angostos del yo. Observamos y continuamos. Aprenderemos a caminar juntos. De eso va *Fidedignum*.

4. El yo y la insuficiencia

En los próximos capítulos vamos a observar cómo se relaciona el yo con algunos estados mentales que nos resultarán familiares, pero que, probablemente, hasta ahora nunca habíamos sospechado que guardaran ninguna relación con el yo.

El primero de ellos será la relación entre el yo y la insuficiencia.

Es posible que lo que se expresa a continuación tenga alguna relación con lo dicho antes por los psicoanalistas, pero, como ya se ha comentado, este libro no trata sobre el psicoanálisis ni lo aquí dicho debería ser comparado con lo expresado por los especialistas en dicha materia. Son ideas sobre las que construir otra idea. Metáforas, si se quiere, sin fundamento científico ni ánimo de tenerlo.

Inicialmente, el bebé llora por instinto, pero luego se da cuenta de que el llanto es una herramienta poderosa y eficaz para satisfacer su necesidad. La primera exigencia de algo que no es autogenerado es la falta de alimentos. ¿Es posible que ese momento de insuficiencia atendida sea el predecesor de la conciencia del yo? En un momento dado, cuando el cerebro del bebé se ha desarrollado más, se da cuenta de la respuesta que su llanto genera para satisfacer su necesidad, tomando poco a poco, y ya de forma consciente, control sobre su llanto. Acaba de crearlo a voluntad y empezará a utilizarlo a partir de ahora para satisfacer todos sus deseos, no solo el hambre.

El control del llanto perfecciona de manera inconsciente la idea del yo.

¿Es acaso el hecho de darse cuenta de que tiene voluntad sobre su llanto el origen de la conciencia del yo? Lo que el bebé hacía antes por instinto, ahora lo hace a voluntad. Y puede que de esa voluntad nazca la idea de «yo soy» del yo: «Yo decido, yo elijo». Y si yo existo, entonces, como ya vimos, tienes que existir tú como «tú». En ese momento, como ya dijimos, probablemente va formándose la idea de la individualidad, de la separación, con todos los conflictos que ello originará y que sufrimos cada día.

La insuficiencia, a partir de ese momento, y en cualquiera de las formas en las que sea percibida, activará automáticamente el yo y lo excitará para que provea, como el hambre del bebé activaba el llanto, que a su vez hacía que su madre le diera de mamar.

El bebé siente hambre, tiene esa necesidad, y su llanto consciente es el yo inconsciente. Cuando hay insuficiencia, aparece la idea del yo como sujeto que va a remediarla.

Se crea la diferenciación entre sujeto y objeto, entre actor y acto. Ese supuesto sujeto tiene la falsa percepción de que es él el que comienza a actuar, percibiéndose a sí mismo como el centro, el núcleo desde el cual se intenta resolver su necesidad. Para ello, el yo utiliza la capacidad cerebral de la memoria y del aprendizaje, y en función de ellas moldea la mente y fortalece la idea del yo.

La carencia genera y perfecciona el yo como instrumento eficaz para satisfacerla. El yo inconsciente es la respuesta consciente de satisfacción de la insuficiencia.

Cabe pensar que, si la mente comprende que no hay insuficiencia, será capaz de trascender el yo. Básicamente, el yo dejaría de tener una razón de ser. Ya no sería necesario el yo, porque no habría insuficiencia alguna que atender. Esta, por el contrario, excita y solidifica el yo. Pero esto nunca podrá ser comprobado desde la experiencia del yo.

La mente egoica es la actividad cerebral que tiene su base en la insuficiencia. Esta promueve la solidificación de la mente del yo. El yo es, fundamentalmente, la respuesta aprendida de la mente ante la falta de algo. Esa insuficiencia es la raíz de la que surgen la ambición, la soberbia, la violencia y todo lo que ello conlleva.

Esto nos lleva al siguiente capítulo, pero antes haremos unas consideraciones sobre el «pecho» y su significado actual. En ocasiones, según alguien dijo, el «pecho» no ha quedado traducido correctamente como signo en la etapa previa al yo. El acto de mamar, por tanto, no ha sido bien traducido como la forma corporal simple de saciar el hambre. Esto se traduce en el futuro en la búsqueda de un «pecho bueno» que inconscientemente sacie el hambre eterna, que alivie el miedo a pasar hambre. La búsqueda de la madre se convierte en la búsqueda del «pecho bueno» que sacie la necesidad más básica (el hambre).

Dicho de otro modo, porque comprendo que el asunto puede llevar a confusión, la fase «bebé tiene hambre, mama y queda saciado» es anterior al desarrollo del yo. Y ese encadenamiento «detección de necesidad → necesidad saciada» pasa lentamente a automatizarse. Ya en la etapa adulta, con el yo ya formado, ese mecanismo sigue funcionando de igual manera. Se automatiza la secuencia «tengo una necesidad → alguien o algo va a saciarme». Es decir, en lugar de intentar resolver la necesidad por mí mismo, espero que alguien la colme. Antes, cuando era bebé, mamá era el pecho bueno, aunque yo no me daba cuenta, mi madre y yo éramos como un único ser. Llegados a la edad adulta, con mi yo desarrollado, sé que no soy mi madre, pero sigo buscando un pecho bueno. El mero acto físico de mamar del niño se traduce en un acto emocional en la etapa adulta que la mente del yo proyecta en diversos escenarios, incluida la búsqueda de Dios. Un problema directo de esto es que, entonces, no nos relacionamos con otro ser humano o con Dios desde el amor, sino que establecemos una mera relación instrumental para satisfacer nuestras necesidades.

La reacción deseable sería darse cuenta de que no existe ninguna carencia real, puesto que somos conciencia de la totalidad. Nuestra hambre, muy entendible, es solo necesidad física. Sin embargo, el yo, desde ese estado de insuficiencia, nunca va a poder relacionarse desde la totalidad, la unidad, la unión, y sí lo va a hacer desde la carencia, generando continuos conflictos y derrochando su energía intentando el imposible de satisfacerse, en un bucle infinito de consumo de la energía propia y ajena que acaba siempre consumiendo al yo y a los que le rodean. La carencia lleva al yo a explotar a los demás para intentar satisfacer sus propias carencias en un bucle infinito de matar para sobrevivir, en lugar de entregar la vida para que sobreviva la humanidad.

Al progresar hacia niveles de mayor conciencia, la sensación primaria de no ser saciado no se ha resuelto y sigue en el inconsciente, disociada, reprimida, estancada. Esa parálisis se experimenta de forma diferente según el nivel de conciencia del individuo. En la etapa del yo adulto, la sensación preyoica de «no ser saciado» y la búsqueda de un «pecho bueno» lleva al individuo adulto a sentirse injustificada y constantemente insatisfecho, alterado, sin paz, en busca de ese «pecho bueno» que suele traducirse en muchas ocasiones, erróneamente, con un ser humano percibido como «saciante». Lo de menos es el género.

La comprensión profunda de estos hechos —entender que la necesidad vivida en la infancia aún vive en nuestra conciencia y nos sigue generando una sensación de insatisfacción y de búsqueda de un «pecho bueno»— ayudará a que ese sentimiento vaya disolviéndose poco a poco hasta una posible eliminación. La mente iría así transformándose, quizá, en una con un mayor nivel de conciencia. De ser así, a partir de ese momento podríamos emplear las enormes cantidades de energía que estaba invirtiendo en la búsqueda de un «pecho bueno» en su propia transformación, con menos cadenas y limitaciones, desarrollando niveles más expandidos de conciencia hacia la conciencia del no-yo o como queramos llamarla.

Es probable que el síntoma actual del miedo abandónico, existente en buena parte de la población, es el miedo a quedarse sin poder mamar, que no es otra cosa, en definitiva, que el miedo inconsciente a pasar hambre.

Recordamos, antes de continuar, que buena parte del sufrimiento tiene un origen mental basado en la imaginación. Esta imaginación permite que emerja el objeto que suscita el placer (el buen pecho) o el displacer (el mal pecho).

Ese es el origen del deseo: la imagen mental de un placer corporal.

5. El yo y la violencia

Cualquier acto del yo es un acto de violencia porque emana de la creencia errónea de un yo separado, con identidad y significado propios.

La violencia campa a sus anchas. No hay un solo rincón del planeta libre de violencia. Los vientos de guerra se están levantando con furia y están azotando áreas inmensas de población indefensa que está muriendo de forma trágica. Esta no es una cuestión baladí, es un verdadero drama. Todos los sistemas se ofrecen como modelos para acabar con la violencia, pero ninguno de ellos consigue lograr su propósito. Mientras tanto, los Estados se arrogan el uso de la fuerza para controlar la violencia, es decir, usan la violencia para combatirla. Y luego están los que hacen la guerra por su cuenta o se toman la justicia por su mano. La violencia campa a sus anchas y nadie sabe qué hacer para detenerla, salvo invertir en más violencia. ¿Hasta cuándo? ¿Hasta que solo quede uno, como en *Los inmortales*?

La violencia puede describirse como una forma de relacionarse, pero ¿de dónde surge semejante forma de hacerlo? ¿Es inevitable la violencia? ¿Podrá el ser humano alguna vez vivir sin ella? Si la respuesta es negativa, tenemos delante un verdadero problema de extinción.

A uno le resulta bastante obvio comprender que mientras exista el yo existirá violencia en cualquiera de sus formas. Por eso la importancia de ver la existencia del yo y sus repercusiones en el mundo, recordando que toda idea, pensamiento o acción tiene por objeto proteger, fortalecer el yo. Ningún sistema nos va a salvar de la violencia del yo. Ninguno.

El único propósito del yo es su perpetuación

Sobre la base de ese objetivo primero y último, el yo hará lo que crea que tiene que hacer para lograrlo. El yo no se detiene ante nada, porque es devastador, colonizador, opresor, violento y destructor. Por eso resulta difícil para la mente, invadida por el yo, contaminada con su idea de diferencia y de identidad, vivir sin un propósito, ser sin desear ser algo específico, observar sin juzgar, hablar sin manipular, permanecer en silencio, transformarse en paz, fluir, integrarse, desvanecerse, desaparecer sin dejar rastro, no ser violencia.

La violencia es descrita como el uso de la fuerza, y la fuerza es la aplicación del poder o la capacidad para mover o someter. Por tanto, la violencia sería, de alguna manera, el uso del poder para mover o soportar. Para que exista el uso del poder tiene que haber un sujeto que ejerza ese poder. Ya dijimos antes que el yo se había convertido en sujeto. Si no existe un quién ni un qué, no puede haber nadie sobre el cual ejercer ningún poder, ya sea para mover o para soportar. Con el nacimiento del yo nace el sujeto aislado y, por tanto, la violencia.

La violencia es una idea de la mente egoica basada en la asignación de integridad y de identidad en todo aquello y aquellos que considera que poseen esas cualidades de integridad y de identidad. Para que exista violencia tiene que existir, previamente, integridad. Si no hay integridad, hay un fluir.

Sin integridad e identidad no puede existir violencia, solo transformación

La violencia es un concepto mental, un constructo de la mente egoica derivado de la creencia de que existen las individualidades, la separación, la división.

La violencia, como idea del yo, es un concepto diferente en función de si es ejercida o recibida. Para el yo, aquel que se comporta de manera violenta es aquel que intenta transformar al otro o a lo otro con su acción, mientras que quien recibe un acto de violencia es transformado, con o sin resistencia, por el otro o por lo otro. La corriente de agua violenta erosiona y transforma la piedra y, a su vez, la piedra, con su resistencia, violenta, deforma y transforma la corriente de agua. Y, sin embargo, ni la corriente de agua ni la piedra sienten dicha relación como un acto de violencia, y no porque no tengan conciencia, que es una idea que no podemos confirmar ni desmentir, sino porque no tienen conciencia de ser la una diferente de la otra, no tienen un yo. Sin las ideas de gota y de piedra no existiría la idea de violencia, solo la observación de la transformación, del cambio. Es la mente la que crea la idea de violencia y es el yo el que ejecuta esa violencia.

El mundo y las relaciones que ocurren en él pueden ser entendidos por la mente como actos de violencia o como procesos de transformación y cambio. Si uno se da cuenta de que todo es uno, entonces deja de percibir la violencia y solo observa transformación y el cambio, la impermanencia.

La mente del yo traduce lo que percibe, traduce la realidad en función de lo que cree, de su programación, de su condicionamiento, de su educación.

Existe la violencia porque hay identificación. El problema es la identidad, la separación, la clasificación. Mientras exista identificación e identidad, habrá violencia. Para erradicar la violencia, la mente del yo tendría que plantearse erradicar, sin violencia, la identificación y la identidad y salir, igualmente sin violencia, de su egoesfera.

La violencia surge de la necesidad del ego de perpetuarse, de existir, de defenderse.

Vivir desde el ego es un acto de violencia.

No puede haber paz mientras exista el ego.

Hay personas que, en lugar de relaciones personales, tienen víctimas.

Haré un último apunte sobre la violencia y algunos «estilos parentales de educación», por si le sirve a alguien.

El impulso natural de la ira, reprimido con violencia en las etapas previas al yo por la figura del padre, la madre o cualquier otra figura de apego, también ha derivado en la etapa adulta en falta de autoestima experimentada como ira hacia uno mismo, y de desconfianza en los demás vivida como proyección de la propia ira en el otro, percibiéndolo como el enemigo o alguien que no nos estima y, por tanto, podría llegar a atacarnos.

Los síntomas de desconfianza y la falta de autoestima son ahora un símbolo del impulso agresivo original que aún pervive en el inconsciente y que el individuo traduce, de forma equivocada, dotándolo de un simbolismo erróneo y, por tanto, imposible de resolver desde el nivel de conciencia actual.

Para sanar hay que intentar descender a los niveles de conciencia preyoicos, ver el dolor en su momento, tal y como aún existe en el inconsciente. A través de la simple observación, sin juicio, con mucho amor y compasión del trauma, es posible lograr que el síntoma actual —depresión, falta de autoestima, desconfianza— acabe por desaparecer.

En el nivel de conciencia en el que se presenta el yo, únicamente puede existir violencia.

El camino es el que es y ahora toca recorrer, uno tras otro, los diferentes tramos del yo. Creemos que no va a ser siempre así, pero lo que sí parece seguro es que una y otra vez vamos a volver a pasar por cada uno de estos tramos. Este es un camino cíclico, sin fin.

6. La esfera del yo

Inicialmente, esta colección de libros iba a titularse *La esfera del yo*, pero dicha esfera es tan solo la primera parte de lo que pretende ser esto. En los libros que componen *Fidedignum* se intentará no solo describir el camino que transita dicha esfera, sino también aquel camino que quizá se encuentre fuera de dicha esfera imaginaria.

Otros títulos para este primer libro podrían haber sido:

> *La esfera yoica.*
> *La egoesfera.*
> *La burbuja del yo.*
> *Desde mi burbuja.*
> *Desde la burbuja.*
> *Atrapado en la burbuja.*
> *Atrapado por la pompa.*
> *Atrapado en la pompa del yo.*
> *La pompa del yo.*
> *La pompa.*
> *La mente secuestrada.*

Como ya dijimos, el ego se percibe a sí mismo como un centro alrededor del cual construye el espacio tridimensional y el tiempo. Desde el momento en que se forma el ego, todo comienza a percibirse alrededor de él, incluidos el espacio, el tiempo y la forma.

Todo sentimiento emana desde la idea del yo. La mente puede experimentar la vida sin el filtro del yo, pero no está acostumbrada.

Toda la estructura mental tiene por pilar principal la esfera del yo. El resto de los procesos mentales han quedado convenientemente relegados por la actividad del yo. El yo es el núcleo de la actividad mental. Todo se circunscribe y gira alrededor de esa esfera.

Vivimos dentro de la esfera del yo, aislados del mundo. Cada uno vive en su esfera. Hay quienes viven en una esfera más grande y otros en una esfera más pequeña, hay quienes viven en una esfera que resulta más agradable y otros que viven en una esfera que les resulta más desagradable. Pero todos, sin excepción, vivimos dentro de nuestra esfera y nos sentimos protegidos por ella, como el feto en el útero materno, aislados del mundo exterior. Como la niña Al dentro de su escafandra y de su traje espacial. Nos movemos y nos relacionamos sin llegar nunca a abandonar nuestra propia esfera. La esfera nos protege, o eso creemos. Tenemos miedo a abandonarla y por eso nunca lo hacemos, aunque en ocasiones fantaseamos sobre ello. A veces, expandimos nuestra esfera como el que infla un globo, pensando que estamos explorando algo nuevo, pero lo único que estamos haciendo es agrandar lo ya conocido: nuestra esfera, con nosotros dentro.

Allá donde vayamos, iremos en la esfera del yo

Hagamos lo que hagamos, lo hacemos desde la esfera del yo. Pensemos lo que pensemos, lo pensamos desde la esfera del yo. Podría decirse que, aunque seguramente exista un mundo al otro lado, fuera de él, realmente no podemos saberlo, porque nunca lo hemos experimentado, y cualquier idea que tengamos sobre ello es simplemente una especulación del yo, una proyección de este que se refleja en las paredes internas de la esfera del yo.

Desde nuestra esfera, hacemos todos los esfuerzos posibles para distinguirnos de las demás. No queremos que nos confundan con otras, y no solo eso, además también deseamos destacar sobre el resto, sobresalir, brillar más, resplandecer, que la nuestra sea la más bonita, la mejor. Como si alguna vez, alguien, en algún lugar, fuera a escogernos por encima de los demás, como si alguien fuera a elegirnos como uno elige un huevo entre muchos huevos, o una pieza de fruta entre muchas, o una canica de cristal sobre otras.

Uno tiene la esperanza de que alguien lo elija, y por eso intenta que la esfera esté siempre en las mejores condiciones. Uno debe ser escogido y debe trabajar en sí mismo para ser la elección de alguien superior a uno, a poder ser, por el mismísimo Dios. Así que hay que mantener la esfera impoluta, libre de pecado, perfecta para que Dios nos lleve con él y nos deposite en el cielo, junto a otras esferas igual de maravillosas y de afortunadas, como si fuéramos lindas figuritas de cristal que exhibir en la vitrina de alguien rico y famoso. Su mejor trofeo. Porque, en el fondo, uno se ve como una pieza de caza, una joya, un objeto de lujo que ha de acabar en las manos de alguien mejor. Uno se ve como un objeto que ha de ser ennoblecido por alguien superior. Nos esforzamos por ser dignos de ese ser superior y dedicamos cada minuto de la vida a prepararnos como el que prepara una oposición, puesto que va a ser examinado, juzgado y salvado o condenado por ese ser superior.

Todo esto es consecuencia de la insuficiencia generada por el yo. Al vivir a través del yo y en el yo, uno siente la insuficiencia en todas partes y, por tanto, uno mismo se siente insuficiente. Y, además, tiene miedo de que la burbuja en la que vive explote y se quede desprotegido, vulnerable.

Vemos el mundo a través de la burbuja, pero los reflejos y la opacidad de sus paredes no nos permiten ver ni experimentar el mundo como realmente es. Lo contemplamos a través del cristal. Desde el interior de la burbuja no podemos amar, porque amar es unión, y el lugar donde vivimos encerrados impone separación, diferenciación, aislamiento.

La humildad, de la que hablaremos más adelante, puede surgir a partir del reconocimiento de que la mente simplemente ha sido tomada por el ego, a partir de la comprensión del ego. Y una vez admitido el hecho de que uno vive encerrado en el ego, en la escafandra, reparamos también en la inutilidad de conquistar más espacios; entonces, uno se vuelve menos arrogante, menos invasivo. Ser conscientes de que vivimos encerrados en una burbuja y de que no podemos escapar de ella, por más que nos esforcemos, nos vuelve más mansos, menos combativos, más comprensivos con nuestras limitaciones y con las de los demás. Porque en ese momento uno ya no se considera superior ni mejor ni iluminado, sino uno más, tan encerrado dentro de la burbuja como el que más. Será necesario profundizar sobre la humildad en los próximos capítulos. Vimos que Al se quitaba la escafandra soltando unos tornillos. En estos libros intentaremos señalar cuáles son los tornillos que nos sujetan al ego.

Reconocer la burbuja, aceptar la burbuja

No nos ayuda en absoluto intentar vestirla de lo que no es, ni intentar disimularla, ni mirar para otro lado, ni cerrar los ojos, ni engañarse. Vivimos en la burbuja. En la burbuja del yo. Eso es un hecho. Y tenemos la esperanza de poder algún día salir de ella y no tener que usar ninguna escafandra. Pero esa esperanza lo único que consigue es distraernos del hecho de que vivimos en la burbuja. Es una disociación de la mente para huir del hecho real de que se vive en la burbuja.

Uno está encerrado en la burbuja, aquí y ahora. Es una burbuja que nos aísla del mundo hasta el punto de no reconocer nada que no esté dentro de ella. Es lo único que conocemos. Cada vez que miramos el móvil, o esperamos que ocurra algo, lo único que estamos haciendo es proyectar el propio pensamiento en las paredes interiores de la burbuja, como uno de esos cines que proyectan la imagen en una pantalla esférica.

Vemos lo que pensamos, vemos el interior de la mente del yo.

Si todo esfuerzo en escapar de la burbuja es en vano, ¿para qué ir más allá, para qué invertir en uno mismo, para qué tener más, para qué mejorar, para qué seguir acaparando, para qué tantas preocupaciones, para qué tanta ansiedad? ¿Para qué vivir?

Si la burbuja es inevitable, ¿por qué no dejar de luchar, de esforzarse, de pelear, de sufrir, de soñar, de correr, de huir, de acaparar? ¿Por qué no morir?

Las respuestas a esas preguntas, como todas las respuestas, de haberlas, las encontraremos en la profundidad de la conciencia, nunca en libros como estos ni gracias a ningún gurú. Hay una fuerza interior en cada uno de nosotros, un conocimiento que trasciende el conocimiento, donde podemos mirar y encontrar pistas para responder estos interrogantes.

Hay que aclarar que la esfera del yo es más amplia y menos visible que la escafandra de Al. Por ese motivo nos cuesta tanto verla y nos cuesta aún más ver lo que hay más allá de esa esfera. La pequeña Al podía ver a través del cristal de su escafandra, pero lo que veía seguía siendo ella misma, era su propio reflejo dentro del cristal. No empezó a ver la verdad hasta que se deshizo de la escafandra.

Uno corre huyendo de sí mismo. Pero, aunque cueste creerlo, se puede dejar de correr en círculos, de ir de acá para allá como un pollo sin cabeza. Más adelante hablaremos también sobre la quietud y el silencio.

A continuación, resumiremos algunas realizaciones sobre este tema antes de pasar al siguiente capítulo.

La esfera: vivir dentro de la esfera o en la superficie. La profunda comprensión de la esfera nos lleva a poder trascender la esfera.

Para trascender la esfera hay que profundizar en ella, ir hacia el centro imaginario.

Un día llega lo incomprensible y nos sacude en la esfera yoica como un niño sacude una canica de cristal. Ahí uno se da cuenta de la pequeñez de la esfera del yo.

Lo opuesto a la identificación es el amor.

Y un apunte: toda conversación en la que el otro no tenga un interés genuino en tu bienestar no es más que un intento de manipulación para lograr su propio bienestar.

7. Ego e identificación

Tanto el bien como el mal son conceptos que se originan
a raíz de las ideas de identificación y de identidad.

Ya hemos comentado la relación entre el yo y la identificación. Casi podríamos decir que son sinónimos. Aquí vamos a intentar profundizar un poco más sobre ello, ya que todo el pensamiento se construye alrededor de esa supuesta identificación del yo.

¿Probamos a desnudarnos?

¿Hacemos juntos un ejercicio? Vamos a jugar a darnos cuenta de qué vamos «vestidos». Para ello, tenemos que observar, entre otras cosas, la ropa que nos ponemos y con la que nos enfrentamos al mundo, nuestras actitudes, nuestros sistemas de creencias. ¿Vamos vestidos de salvadores, de conquistadores, de opresores, de defensores, de víctimas, de amantes, de padres, de amigos, de parejas? ¿Vamos vestidos o vamos disfrazados? Vestidos o disfrazados, seguramente ninguno de nosotros va completamente desnudo.

Nuestra vestimenta se compone de aquellas capas con las que tapamos inconscientemente lo que somos y con las que nos presentamos a los demás. La vestimenta no nos permite ver quiénes somos en realidad, ni a los demás ni a nosotros mismos. Si nos vestimos de salvadores, nos comportaremos como tales, pero seremos unos falsos salvadores y nos estaremos engañando a nosotros mismos y quizá a algún que otro incauto. Lo mismo si vamos vestidos de gurús, de sabios, de conocedores de la verdad. Nos vestimos para tapar nuestras vulnerabilidades, con independencia de que nos vistamos para encajar, pasar desapercibidos o para destacar. A veces, nos vestimos para estar acordes con la etiqueta que nos pusieron, aquella que indicaba nuestro precio y el producto que supuestamente somos.

Podemos probar a desnudarnos tanto en soledad como delante de los demás. Podemos optar por no adquirir ningún papel, no interpretar ningún personaje, no vestirnos con ninguna ropa. También podemos llegar a ser lo que quiera que en ese momento realmente somos y podemos incluso intentar no identificarnos con lo que en ese momento somos. O desprendernos de la etiqueta. Porque somos transformación constante y en el momento en el que nos identificamos con algo nos quedamos atrás, porque aquello con lo que nos identificamos en su momento ya no es lo que ahora somos, ya ha perdido su validez, su pureza, su esencia.

Sin embargo, la mente del yo siempre busca la identificación con algo para conformar una identidad. La mente egoica necesita saber quién es en cada momento, necesita una etiqueta. La idea de saber quiénes somos le aporta seguridad. No saberlo genera una inseguridad tremenda. La necesidad de saber quiénes somos —sea o no enteramente cierto que *eso* es lo que somos— es una necesidad urgente y permanente del yo.[3*]

El yo no quiere desconectarse de sí mismo.

Sin embargo, con este proceso ocurre lo siguiente:

Definirnos nos agita.

Definirnos nos genera ansiedad.

Definirnos nos limita.

Definirnos aumenta el conflicto interior y exterior.

Definirnos es ejercer violencia contra uno mismo.

Definirnos es maltratarnos.

---

3 * Quizá sea este un buen momento para intentar hacer una pequeña precisión al margen sobre los conceptos de identificación y de identidad, que van de la mano, pero no son lo mismo. Cuando hablamos de «identificarnos» nos referimos a que la mente del yo funciona a base de identificarse con todo aquello que forma parte de ese supuesto yo. Si, por ejemplo, esa mente ha sufrido abusos en la infancia, generalmente va a identificarse con la idea de que nunca va a valer lo suficiente, y esa insuficiencia va a ser una seña de identidad del yo. El yo se forma y crea su identidad o conciencia de sí mismo mediante la identificación a nivel mental con algo. Dicho de otro modo más sintético: la identidad no surge por generación espontánea, no viene de la nada, sino de la previa identificación con algo. La mente se identifica con ciertas cosas o situaciones, construye sus referentes, y ahí está el germen de lo que será su identidad.

Definirnos es violentarnos.

El yo necesita definirme.

El yo necesita definirse.

El yo necesita definirte.

El yo necesita comprenderse.

La necesidad de comprenderse tiene su origen en la existencia del yo.

Es el yo quien quiere comprenderse.

Y, al cabo, todo nos agita y nos violenta porque nuestra naturaleza es infinita, pero el yo no nos deja expresarla. Llegaremos a eso más adelante. Ahora estamos donde estamos y está bien que así sea, a pesar de que todo yo provenga de una mente encerrada en sí misma.

Una advertencia sobre los supuestos modelos, personas ejemplares, maestros, gurús y otros símbolos purificadores que se nos presentan desde diferentes medios, incluidas ciertas terapias. La terapia psicológica en muchos casos se fundamenta, además de en el *insight*, el autoconocimiento, el autoanálisis, etc., en lo modélico, en la presentación de personas que han pasado por el mismo sitio que nosotros y que han conseguido «desengancharse», salir, conseguir el alta. Y si bien estos modelos pueden ser en muchas ocasiones buenos ejemplos y luz en la oscuridad, la realidad es que el verdadero modelo que seguir existe únicamente en lo más profundo de uno mismo. Conviene darse cuenta de la identificación y de la desidentificación con el propio yo. Seamos cautos, sobre todo, con los ejemplos que nos propone la sociedad, es decir, con el yo colectivo y con la colección de yoes. Conviene preguntarse a quién beneficia tener esos arquetipos como tales, quién se está beneficiando de que ciertos personajes sean considerados y presentados como modelos, qué intereses hay detrás de mostrarnos a fulanito y menganita como tales.

Abandonamos una identificación exclusiva y restrictiva para establecer otra de orden superior y que sigue siendo exclusiva y restrictiva. Y para aquellos que estén en proceso de terapia, recordemos que en un momento dado toca también divorciarse del terapeuta, de los modelos presentados por la sociedad y, sobre todo, de la idea que uno tiene de lo incomprensible y de sí mismo. El modelo facilita copiar lo que otros hacen. Ahí no hay originalidad ni frescura ni espontaneidad. Hay simple repetición, falta de originalidad, uniformidad. Por añadidura, intentemos no caer en la trampa de confundir la desidentificación con el narcisismo.

El narcisismo es la incapacidad de reconocer a otro

Es posible pensar que el hecho de que el narcisista no reconozca al otro se debe a que ha conseguido desidentificarse eficazmente de su propio yo hasta trascenderlo. Pero la realidad es que el narcisista no reconoce al otro porque simplemente no es ni tan siquiera capaz de verlo. Es un caso extremo de individuación depredadora de todo y de todos. De ceguera emocional, de falta de sensibilidad, de ausencia de conciencia. El narcisismo es la expresión del yo más depredador. Por el contrario, la desidentificación no significa disociación o alienación. La desidentificación lo es del yo, no de la realidad.

Lo que más miedo le da a la mente del yo es la discontinuidad de aquello con lo que se identifica, aquello que conforma su identidad. La identidad es quien crees que eres. Tu etiqueta.

La mente del yo se identifica con una serie de sucesos y de pensamientos y elabora el yo en torno a ellos, relacionándose con el mundo desde ese centro imaginario. La mente del yo se aferra a su identidad porque existe gracias a ella. Sin identidad, no hay yo.

Lo que identificamos como «experiencia humana», como «vida humana», es la constante elaboración de la mente egoica construida sobre las experiencias percibidas y su identificación con esas experiencias y los pensamientos creados a su alrededor.

Haré a continuación algunas consideraciones más sobre el yo y la identificación.

Se nombra algo para dignificarlo y, al hacerlo, ese mismo nombre acaba usándose para enfrentarlo al resto. Esto vale para cualquier persona, idea, ideología, concepto, constructo o hecho.

La ilusión del yo, la identificación con el yo, genera la experiencia de miedo en cualquiera de sus formas. Enseguida hablaremos del yo y del miedo.

«Mirar fuera» y «mirar dentro» son expresiones que tienen su razón de ser en el sistema de dualidad sobre el que se construye el yo. Si hay «fuera» y hay «dentro», debería haber algo que contenga ese «dentro», algo que lo separe del afuera, un límite, una frontera. Pero ¿dónde está ese límite? ¿Dónde está la escafandra?

Donde solo existe —según nuestra idea— unidad, lo que la mente egoica ve es diversidad, aunque este no sería el problema, sino el hecho de que el yo existe desidentificado del todo, de la unidad, creando así la idea de diversidad que, si bien tiene sentido desde la conciencia del yo, no lo tiene en absoluto desde la conciencia del no-yo. Cuidado con enredarse de nuevo en las palabras.

El ego se identifica con el observador en oposición a lo observado y como creador de la observación. Sujeto y objeto, una vez más, ilusiones del yo.

El yo constantemente se compara con los demás, está en permanente competición con los otros. Es la manera que tiene de justificar su existencia, existencia que solo existe por la segregación de la conciencia del todo. Al no haber identificación con los otros, necesitamos compararnos y competir contra ellos para sobrevivir.

Por último, unas reflexiones sobre la identificación, propia y ajena, para comprender mejor al ego.

Ni mi valor ni mi valía dependen de tu opinión sobre mí. Eso también vale para el ego: mi opinión —la de mi ego— sobre mí, no me define.

Tu opinión sobre mí no me define a mí, te define a ti. De nuevo, eso también es aplicable al ego, en este caso, al tuyo.

Lo anterior se podría resumir en que tu idea de mí no me define. Mi idea de ti no te define. Mi idea de mí tampoco me define.

La etiqueta que me pones habla más de ti que de mí.

Recordamos:

La identificación crea el yo.

Tú y yo existimos como tú y yo porque el ego ha tomado el control de la mente.

El ego cree firmemente que la vida es únicamente aquello que le ocurre o que cree que ocurre.

El ego desprecia y teme por igual aquello que no siente como suyo.

Y una última pregunta antes de pasar al siguiente capítulo: cuando rezamos a Dios suplicándole que nos ayude, ¿sabemos quién es el que reza? ¿Nos conocemos a nosotros mismos?

Paz es sin conflicto. Con la identificación surge el conflicto.

Al caminar, uno se va llenando de polvo, pero uno no es el polvo del camino. No obstante, desde otra conciencia diferente al yo, uno sería el camino, el polvo y el caminante.

El otro es el otro única y exclusivamente porque uno es uno, en lugar de ser Uno.

El camino es el que es. Por experiencia propia, nos hemos dado cuenta de que para nosotros es mejor observar el camino tal y como es que forzar cualquier tipo de actitud.

8. Ego y horizonte

*¿Puede alcanzarse el horizonte? ¿Puede
alcanzarse aquello que no existe?*

La definición de horizonte es el límite visual de
la superficie terrestre, donde parecen juntarse
el cielo y la tierra. Introducimos ahora al horizonte porque nos será de ayuda para comprender cómo
funciona el yo, cómo es capaz de crear ilusiones, de
creerlas y vivir sometido por ellas.

El horizonte es una ilusión de la mente del yo.
El horizonte no existe, es la percepción de la mente del yo de la división entre dos lugares: tierra y
cielo. Existe porque existe la mente del yo, del observador. No hay ningún horizonte real, porque no
hay ninguna división. Uno es el horizonte y el horizonte es uno. No existen ni un yo ni un horizonte, una mente en calma sería consciente de que no
existe lo uno ni lo otro.

Uno se da cuenta de que no puede alcanzar el
horizonte, por más rápido que corra, porque no es
sino la visión de los límites de la mente del yo, y esos
límites mentales avanzan con el avance del centro,
que es el yo, moviéndose a la misma velocidad y en
la misma dirección que lo hace el yo.

En otras palabras, el yo va creando los límites —el horizonte— en su idea de creerse un centro independiente que se mueve en tres dimensiones. La idea de que existe el horizonte nos ayuda a comprender la idea de que la mente del yo funciona a través de un centro al que llamamos el yo, pero que realmente no existe. La idea de horizonte nos ayuda a entender cómo funciona la mente del yo, que percibe un lugar donde tierra y cielo se unen, lo cual es falso, porque incluso desde el punto de vista físico, la forma esférica de la Tierra hace que la tierra y el cielo estén siempre unidos, en contacto, en toda la superficie de la Tierra, y no solo en el horizonte. Ahora mismo, este mismo lugar es el horizonte para alguien que esté suficientemente alejado de aquí y, sin embargo, para el que está aquí el horizonte está allí.

Esto nos resulta muy ilustrativo para comprender el carácter egocéntrico del yo, y cómo eso da por resultado una distorsión continua de la realidad para encajar en su idea de centro independiente y diferenciado del resto. El horizonte nos ayuda a comprender cómo el yo elabora teorías que, desde su punto de vista, tienen todo el sentido, pero que en realidad son absolutamente falsas. El horizonte, en fin, evidencia la mentira del yo.

Y a pesar de las mentiras del yo, la vida sigue manifestándose tal y como es para quien sea capaz de verla. La vida es esplendorosa, y lo es al margen del yo.

Cuando Manu Chao cantaba aquello de *Me gustas tú* y se preguntaba: «¿Qué voy a hacer?», solo podía responder: «*Je ne sais pas, je ne sais plus, je suis perdu*». Porque cuando vivimos en la esfera del yo, existimos tú y yo como algo diferente y diferenciado, y por más que nos podamos atraer, no hay nada que podamos hacer para sentirnos unidos, quedamos irremediablemente condenados a terminar sin saber qué hacer —*je ne sais pas*—, completamente perdidos —*je suis perdu*—.

El camino es el que es. Más adelante, veremos la naturaleza del camino. Ahora mismo estamos donde estamos, y así está bien. Vayamos paso a paso.

9. Ego y vida

La vida, como los helados,
hay que saborearla, no entenderla.

El yo, ese generador de hipótesis que se empeña en falsear la idea de que sin él no hay una vida posible, se choca una y otra vez contra los muros de sus propias limitaciones. Ese yo encaramado en la razón y en la coherencia, armado con el método científico y con la inteligencia, no tiene más remedio que enfrentarse a la verdad y a la vida que fluye a pesar de él.

Ciencia y esencia

La ciencia solo sirve al ego, nunca a la esencia. La esencia no puede ser explicada por la ciencia. La ciencia es el intento racional del yo de comprenderse a sí mismo. La esencia no puede ser comprendida, solo puede ser experimentada.

Importa no confundirse en este terreno: no se trata de desacreditar a la ciencia, lejos de mi intención semejante cosa. La ciencia es absolutamente necesaria en esta dimensión. No podemos vivir al margen de ella, en cualquiera de sus formas. Estas reflexiones, si son comprendidas en toda su profundidad, no deben entrar en conflicto con la ciencia. Y en caso de entrar en conflicto, será la mente de cada uno la que determinará, desde donde está, el lugar de la ciencia en esta dimensión y su relación con la mente humana. De hecho, aprovecho estas líneas para mostrar una profunda gratitud hacia todos los científicos que intentan conseguir con su trabajo un estado de bienestar para todos los seres humanos. Absolutamente y sin matices, gracias. Soy consciente de que no siempre es obvio, pero importa no confundir las diversas capas de discurso.

Volviendo al yo, este se enfada cuando no comprende, se afana en entender, quiere saber, es insaciable, quiere respuestas, necesita más y más. Y en vez de vivir, quiere saber; en lugar de «disfrutar del sabor», material o intelectualmente, de algo, se empeña en comprenderlo todo. El pensamiento nos impide saborear la vida en su plenitud. El acto de saber es intelectual, el acto de saborear es experiencial.

El camino y, por tanto, el hombre —puesto que el hombre forma parte del camino y el camino forma parte del hombre— no puede ser comprendido, no puede ser explicado y cualquier esfuerzo intelectual por entenderlo es un esfuerzo en vano. El camino y, por tanto, el hombre, solo puede ser vivido, experimentado, saboreado, y para ello conviene tener una actitud abierta a toda experiencia, desprovista de todo miedo y llena de amor y de compasión.

Surcamos las aguas de la vida subidos en una barca llamada ego.

Somos arrastrados por la corriente de la vida, a pesar de nuestros esfuerzos por alcanzar la orilla y detenernos a descansar. Nos da pánico abandonar la seguridad del ego y zambullirnos en las profundidades de lo desconocido.

¡Y, de repente, sale el sol! Hasta el ego celebra la luz.

A continuación, hagamos un viaje en tren.

Viajar en tren

Soy consciente de que hay innumerables metáforas sobre la vida, desde que es como un río hasta que es como un reloj de arena, una flor, una partida de ajedrez y hasta ¡una batería! En mi caso, preferí pensar, en este momento del relato, en la vida como un viaje en tren. Y es que, desde la esfera del yo, da la sensación de que uno decide en qué tren se monta y en cuál no. Hay varios trenes en los que creemos que nos podemos montar. Uno puede subirse, por ejemplo, al tren del amor, al del conocimiento, al del prestigio, al de la familia, al de divertirse sin más. Unos trenes estarán a punto de partir y quizás otros salgan más tarde de lo que a uno le gustaría, y es probable que otros ya hayan partido sin nosotros. Pero antes o después, los trenes que vayan a salir acabarán saliendo, porque el yo percibe el tiempo de esa manera.

Antes de subirse a cualquiera de ellos, uno tiene que saber de antemano que ese tren va a pasar por diferentes estaciones, como pueden ser la pasión, el enamoramiento, el apego, el sufrimiento, el desinterés, la decepción, la ilusión... En algunas de ellas, nuestro tren pasará rápido, sin detenerse, pero en otras el tren se detendrá brevemente o durante mucho tiempo, y eso al yo le vendrá bien a veces, y otras veces no. Incluso es probable que el tren, en ocasiones, vuelva a circular por estaciones por las que ya había pasado antes.

Parece como si no estuviéramos obligados a nada, como si pudiéramos elegir nosotros nuestro propio viaje. La realidad es que eso no es exactamente así, debido principalmente al condicionamiento del yo, que equivale a las vías por las que ha de circular el ferrocarril. El tren solo puede viajar sobre las vías del tren —las vías del condicionamiento—. Si se sale, descarrila. A pesar de ello, a pesar del yo, aún nos quedará siempre la capacidad de disfrutar de las vistas y de aprender de todas las experiencias.

Es muy probable que al tren en el que viajamos, el tren del ego, se subirán y bajarán otros viajeros. Podemos intentar, a pesar del ego, que ellos también disfruten de su viaje, disfrutar juntos, ayudarnos mutuamente y, cuando nos toque despedirnos, podemos intentar hacerlo, si es posible, con amor para poder guardar un bonito recuerdo del tiempo que viajamos juntos.

La vida es un viaje en tren. Algunos son cómodos y otros no tanto, dependiendo de las características del yo. Aceptarlo y disfrutarlo dependerá de lo cristalizado que esté el yo. Pero recordemos que desde la conciencia del no-yo uno no es un viajero en ningún tren, tampoco es el maquinista y ni tan siquiera existe el tren, ni mucho menos aún las vías. Uno es conciencia del viaje en tren, conciencia del yo y, en ocasiones, conciencia del no-yo.

El mundo es nuestro cuerpo.

Somos camino.

Tú y yo tenemos en común que somos el camino, tú y yo somos lo mismo, la misma energía vibrando en el camino.

En ocasiones, el camino parece no tener sentido. Viviendo en la esfera del yo, realmente el camino no tiene ningún sentido. Quizá las próximas reflexiones sirvan para algo.

Se nos prestó la vida

Cuando nos preguntemos «¿por qué?», podemos intentar recordar lo siguiente: se nos prestó la vida para vivirla durante un tiempo, pero, en vez de eso, intentamos comprarla y quedárnosla. Se nos regaló de todo para que aprendiéramos juntos y decidimos poseerlo sin compartirlo. Se nos dio la libertad al nacer y la vendimos a quienes nos ofrecían una falsa seguridad. Se nos prestó el mundo para vivir en él y nos comportamos como si nos perteneciera. Se nos regaló la compañía de otros para crecer con ellos y decidimos utilizarlos. Se nos prestó un tiempo y decidimos malgastarlo. Se nos dio la responsabilidad de cuidar de los demás y la rechazamos. Se nos dio la fortuna de estar en Dios y decidimos negarlo. Se nos dio el don de amar y decidimos aprovecharnos de los que aman. Se nos dio la capacidad de comunicarnos y decidimos emplear esa capacidad para engañar y mentir. Se nos dio la belleza y la oportunidad de crearla y la utilizamos para vendérsela al mayor postor. Se nos dio la sensibilidad de compadecernos y decidimos ignorarla. Se nos dio la aptitud para ayudar a los más necesitados y decidimos no ejercerla. Se nos dio la sabiduría para distinguir entre amor e ignorancia y elegimos la ignorancia. Se nos dio la oportunidad de cuidar de nuestros hijos y decidimos que los cuidaran otros. Se nos dio el talento para crear y utilizamos ese talento para destruir. Se nos prestó un planeta para cuidarlo y decidimos esquilmarlo. Se nos dio la capacidad de pensar y la redujimos a pensar únicamente en nuestras necesidades. Se nos dio la posibilidad de alabar y preferimos insultar. Se nos dieron los medios para organizarnos y decidimos esclavizarnos. Se nos dieron cualidades maravillosas para servir a los demás y decidimos hacer negocio con ellas. Se nos dio la ocasión de disfrutar y decidimos abusar. Se nos dio el aquí y el ahora y lo pervertimos con expectativas y recuerdos. Se nos prestó todo y, en vez de disfrutarlo, nos centramos en no perderlo. Confundimos lo que se nos prestó con lo que se nos dio e hicimos un uso inadecuado de lo uno y de lo otro. Con generosidad, se nos dio el libre albedrío y eso es lo que decidimos hacer con él. Llegados a este punto, cabe preguntarse: ¿y ahora qué?

La llama

La llama es la energía vital que percibimos desde la esfera del yo, pero que es parte de la energía del no-yo. La llama no está integrada en el yo y, sin embargo, es percibida por este.

> Lo conocido apaga la llama.
> La incertidumbre apaga la llama.
> Las obligaciones apagan la llama.
> La falta de libertad apaga la llama.
> Las deudas apagan la llama.
> La idea de volver a donde no éramos felices apaga la llama.
> La desilusión apaga la llama.
> Las discusiones apagan la llama.
> La violencia apaga la llama.

Luz y oscuridad vividas desde el ego

Tengamos, si podemos, el coraje de caminar a pesar del dolor.

A pesar de todo, caminar.

Elijamos, si podemos, caminar; a pesar del sufrimiento.

Vivir, no sobrevivir.

Soñar, a pesar de todo.

Soñar sin ti.

Aprender a vivir sin ti.

Y mientras te echo de menos y espero a que se resuelvan los problemas, aprovecho para hacer cosas que noto que me ayudan. Porque, aunque me sienta solo, aún me sigo sintiendo vivo. Vuelvo a apostar por mí, vuelvo a creer en mí.

Porque, en medio de la oscuridad, la llama del camino sigue brillando. Vago por el oscuro, inmenso y frío universo con la única luz de mi propia esencia. Mi propia luz es la única luz que veo en este momento en el vacío. Vago a la deriva como un velero navega por el océano una noche nublada, sin luna, sin estrellas ni viento, con la única luz de su propia esperanza.

Surco los cielos como un avión en medio de la noche infinita, con el destello de las luces estroboscópicas de mi propia conciencia iluminando la oscuridad.

Y aunque no encuentro otra luz que la mía, en este momento es suficiente. Porque soy mi propia luz. Porque no es correcto amarte más a ti que a mí mismo.

Ama al prójimo como a ti mismo.

Si no te amas, no amas.

Solo ama quien se ama.

Si puedes, ámate, cuídate, sé tu propia luz en la oscuridad. Intenta no perder tu luz.

También soy mi propia oscuridad. También lo soy. La oscuridad me abraza en silencio, no puedo verlo, pero noto cómo me abraza fuertemente.

No tengo miedo.

La oscuridad me quiere fuerte, valiente, sereno y feliz.

La luz me quiere brillante, vivo y pleno.

Soy mi propia luz y mi propia oscuridad. Acepto la luz y la oscuridad. La lucha es únicamente contra mí mismo.

Nada de esto tiene nada que ver contigo y todo que ver únicamente conmigo, con el ego.

No eres tú, soy yo. Es el ego.

El camino es el que es.

Transitamos por los tramos del ego.

Observamos.

Baladas de los años 80

El camino, a pesar de la edad, o quizá por ello, sigue pareciendo el de una balada de los años 80. Quizá sea tiempo de dejar atrás los bailes lentos, las baladas y el amor adolescente, y encarar el camino con madurez y con determinación, sin mirar atrás, sin buscar la compañía de nadie, pero agradeciendo lo que llega. Fluyendo, desapegado, atento, despierto y quizá, solo quizá, acompañados.

En el camino van a surgir infinidad de dudas. El camino es el que es. Incomprensible.

Abusar

Un apunte sobre el abuso en cualquiera de sus formas, pero en particular y con compasión, sobre el abuso infantil.

Cuando han abusado de uno, creemos que esa es nuestra función en la vida. Pero la vida nos recuerda que nuestro lugar no es que abusen de nosotros ni abusar de nadie. Nuestra función es ser vida sin abuso.

A pesar de las dificultades que encuentra el ego —que él mismo ha generado—, la vida sigue siendo vida. Y entre esos obstáculos que, según sentimos, nos acechan, uno de los principales es el apego. Lo veremos con más detenimiento.

Pidamos ayuda.

Realizaciones

La experiencia del camino en la Tierra es la experiencia de exponerse a una energía que nos pone frente a la esencia, despojándonos momento a momento de todo aquello a lo que nos aferramos, pero que no somos. En la naturaleza de Al estaba, aunque no quisiera, desprenderse de la escafandra y experimentar el mundo como es.

El camino nos quita todo aquello que nunca ha sido nuestro. Cuanto antes lo cedamos, antes comprenderemos aquello que en verdad somos. El camino nos despoja de lo residual y deja expuesto lo esencial.

Abrazar la soledad es abrazar la esencia.

Un día uno se da cuenta de que no puede ganar al camino. Ese día deja de pelearse con él y empieza a colaborar.

El camino es un ser vivo.

La conciencia surge a través de un ser vivo.

10. Ego y apego

Ego, luego apego.

Entiendo el apego como la exageración de las cualidades positivas de algo o alguien que percibimos como buenas. Consiste en desear un objeto del pasado, el presente o el futuro, al que atribuimos exagerada e irracionalmente ser causante de felicidad. Es el convencimiento de que no podemos ser felices sin alguien o sin algo.

El apego genera dependencia, nos convierte en una marioneta dirigida, consciente o inconscientemente, por otras personas, nos esclaviza a ciertas cosas, cuerpos y sensaciones y nos ata a determinados lugares y pensamientos: en general, a los deseos.

Para profundizar sobre el apego y sus consecuencias, me atrevo a recomendar los libros del jesuita indio Anthony de Mello.

El apego[4*] es energía mental percibida como la falta de apoyo, de empuje, de permiso y de aprobación para ser feliz.

---

4   Soy consciente de que se está usando «apego» aquí de forma algo forzada, alejada de lo que leemos en la definición académica como «afición o inclinación hacia alguien o

El desapego es posible al observar el camino como un espectador, y no como un actor.

Con un par de cuentos intentaremos ilustrar este concepto y no convertir esto en algo demasiado teórico. El primero es una versión de un cuento ya contado. El segundo es un sueño recurrente.

El apego del monje

Cuentan que un monje que vivía en un monasterio un día se dio cuenta de su apego a la vida monacal. De alguna manera, se había apegado a su celda, a sus oraciones, a sus paseos por la huerta, a sus cantos, a la comida del monasterio, a sus hábitos y a su propia identidad como monje. Dándose cuenta de su falta de virtud, decidió abandonar el monasterio, dejar todo atrás e irse a

---

algo», así que es preciso explicarse. Es cierto que el apego así visto tiene un origen natural y, de hecho, ha sido clave para que los mamíferos construyan grupos de apoyo mutuo y de cuidados, permitiendo su supervivencia y su evolución. Lo que se quiere decir es que, por el contrario, cuando es vivido desde el yo, a menudo se convierte en un estado mental de dependencia. Y desde esa dependencia, deja de ser algo natural y nutritivo para convertirse en un sistema viciado de subordinación que, en muchas ocasiones, genera problemas de abusos, de explotación..., estados indeseables que minan la autoestima y convierten a las personas en seres inseguros, incapaces de tomar cualquier decisión por sí mismos, sin empuje, incapaces de ser felices.

vivir sin nada al monte. Después de muchos días caminando solo y descalzo, comiendo solamente lo que le brindaba la naturaleza, llegó a un claro en el bosque con un enorme árbol en medio. El monje se sentó bajo el majestuoso árbol apoyando su espalda en su tronco y comenzó a meditar. Allí se sentía en absoluta paz, en comunión con el bosque y su fauna, sintiéndose bendecido, dando gracias por tan maravillosos regalos.

Los días pasaron sin que nunca sucediera nada digno de reseñar, hasta que un día, volviendo de recolectar algunos frutos para comer, al llegar junto al árbol descubrió que una pareja de jóvenes estaba justo allí, donde él se solía sentar, mostrando abiertamente su cariño el uno por el otro. El monje, enfurecido y lleno de rabia, se acercó corriendo hacia ellos y les afeó que estuvieran en aquel lugar comportándose de forma tan indecorosa. No podía creer cómo nadie había osado sentarse bajo «su» árbol, sin respetar la sacralidad de aquel lugar. Los jóvenes, asustados por la reacción del monje, se marcharon sin decir nada.

En cuanto los jóvenes se marcharon, el monje limpió un poco el lugar y se sentó allí, bajo el árbol, como llevaba haciendo mucho tiempo, a meditar. Cuando las pulsaciones de su corazón se calmaron y los pensamientos de su mente se detuvieron, fue consciente de cuánto apego sentía, sin darse cuenta, hacia aquel lugar. Se dio cuenta de que consideraba aquello como suyo y de que, además, le había atribuido una serie de características que solamente él veía. Triste y confundido, pensó que ya no tenía a dónde ir y de que, aunque huyera de aquel lugar, su apego le iba a seguir persiguiendo allá donde fuera. Estaba condenado a tener apego mientras tuviera vida.

¿Estaba en lo cierto? Es muy posible que no le faltara la razón. El apego es una consecuencia del ego, y mientras haya ego habrá apego. Recordemos que el hábito no hace al monje.

Vayamos ahora con el sueño.

El chicle pegado a la muela

Desde hace muchos años, sueño de forma recurrente con que un chicle se me pega a una muela empastada. Uno lamenta si esto le puede resultar asqueroso a alguien, pero provocar esa emoción es parte de la intención de esta historia. En los sueños, intento despegar el chicle del empaste a base de tirar de él. Tiro y tiro y el chicle no se despega. Lo hago incluso con las dos manos y el chicle va estirándose a la vez que uno tira, pero nunca llega a desprenderse de la muela. Se estira de forma inimaginable. A veces, temo que si tiro demasiado fuerte o demasiado rápido vaya a saltar el empaste con el chicle pegado a él.

Vivo este sueño con verdadera angustia, ya que, además, es un sueño recurrente, y uno tampoco puede evitar preguntarse qué significado tendrá. En ese sentido, últimamente pienso que el chicle representa nuestro condicionamiento, nuestra programación, el pasado, todo aquello con lo que nos identificamos, nuestro sistema de creencias, nuestros valores, nuestros prejuicios, incluso nuestro pensamiento y nuestros recuerdos. Nuestra identidad. Nuestros apegos. Nuestro ego. Percibo el pasado, los recuerdos y el pensamiento como un chicle al que estamos pegados y que no nos permite movernos libremente.

El ego es pegajoso, como un chicle.

Lo curioso del sueño es que el chicle no está pegado al suelo ni a una pared impidiendo el movimiento, sino que está pegado a la propia muela, impidiendo despegarlo de uno mismo. El chicle parece formar parte de uno, aunque no sea uno, al igual que el ego.

El ego es una sustancia pegajosa que se pega a la esencia a la que se le pegan también el dolor, la inquietud, el miedo, la ansiedad, el deseo, los recuerdos. Para desprendernos de él, podemos probar a observarlo atentamente, con compasión, sin juzgar. Si lo logramos, de alguna manera, el chicle, al no ser nutrido, acabará secándose, se desprenderá por sí solo.

Dejar ir duele. El chicle pegado a la muela.

Apego, ergo ego.

El apego nos apaga.

Libertad vs. apego.

Cuando uno se construye o es construido sobre otro, ese otro forma su esqueleto. Cuando el otro no está, no nos podemos poner en pie. Podemos probar a intentar disfrutar las cosas sin quedarnos apegados a ellas, es decir, evitando pensar que no podemos ser felices sin ellas. Esto vale para todo.

El camino transita por la conciencia del ego y del apego. Observamos.

A continuación, unas notas sobre la vivencia del apego en un momento determinado de lo que el ego llama «mi existencia».

Tú, yo y el ego

Otro día más con la mente echando de menos la sensación de estar acompañado. Me doy cuenta de que es una sensación irreal, de que puedo estar acompañado, pero en el fondo sigo solo, siempre solo, al menos mientras exista un yo, un quién. Es el yo quien se siente solo y, como respiro a través del yo, yo también me siento solo. Cuando el yo se siente solo y abandonado, entra en pánico, toma todo el control de la mente y crea «visión de túnel».

Ahora la visión es extremadamente limitada, solo veo una mínima parte de la realidad y lo que veo ni tan siquiera es la realidad. La sensación de dolor me hace concentrarme únicamente en donde me duele, perdiéndome todo lo demás, impidiéndome ver y disfrutar de todo lo demás. Es como estar de luto. Me siento obligado a guardar un estado de duelo, de pérdida, de desgracia, de tristeza, cuando la verdad es que no he perdido nada. Al contrario, he ganado en libertad y en paz. Todo este proceso sigue ayudándome a conocerme mejor. En ese sentido, me siento agradecido.

Es la mente del yo quien te echa de menos.

Me doy cuenta de que estos sentimientos hacia ti son únicamente míos, no te pertenecen y realmente tampoco tienen mucho que ver contigo. Cuando siento amor hacia ti, cuando escucho la música de Olivia Belli y me viene tu recuerdo a la mente del yo, en el fondo está teniendo lugar una simple asociación de la mente del yo. Pero el sentimiento de amor, su profundidad, su calidez, su intensidad, su alcance, su infinitud, eso es mío, solo mío. En realidad, no es que sea mío, es que eso es lo que soy, eso es la esencia, la esencia de cada uno.

Es posible que nunca puedas llegar a sentir el amor como yo lo siento. Hay personas con mayor capacidad de sentir, personas de altas sensibilidades. Me siento profundamente bendecido por ser capaz de sentir con esta intensidad, aunque a veces duela mucho. Sé que hoy tú eres el sujeto de este amor, pero mañana lo será otra persona y, sin embargo, seguiré amando exactamente igual a como amo hoy. Puedo perderte, puedes llegar a desaparecer de mi vida, pero no puedes llevarte este amor, porque el amor por ti o por quien sea es únicamente mío. O, al menos, la conciencia de ese amor en ese momento parece ser solo mía.

Y, en este caso, hoy eres la destinataria de este amor, pero una vez que despierte del hechizo, el amor seguirá conmigo, impoluto, pleno, perfecto y dispuesto a entregarse a alguien más. No eres dueña de este amor ni tienes ninguna capacidad de arrebatármelo. Solo uno es dueño de su amor. Este amor es la esencia, es lo que soy. Soy amor y puedo dirigirlo, darlo, compartirlo cuando quiera. No tengo que pedirte permiso para amarte ni para dejar de amarte. Puedo haberte dedicado este amor durante años y ahora darme cuenta de que no voy a continuar haciéndolo. No tienes ningún poder sobre este amor. Este amor no te pertenece. El amor solo se queda allí donde es correspondido y bienvenido.

Hoy me siento profundamente agradecido por poder disfrutar de mi propio amor en soledad. Lo único que no quiero perder nunca es la capacidad de amar con la intensidad con la que amo y de amarme a mí mismo. Me reconforta la idea de saber que siempre voy a estar ahí para mí mismo, que siempre voy a poder sentir mi propio amor, que soy fuente de amor para mí mismo y libre para compartirlo con quien quiera.

Y, a pesar de todo, algo en mí siempre te echa de menos.

Tiempo después de haber escrito esto, uno lo vuelve a leer y se da cuenta de que era el ego el que estaba aquí hablando, era el ego el que creía que era dueño del amor y el que podía darlo o retenerlo a su voluntad como si fuera una mercancía. En este caso, hasta el llamado «amor propio» no dejaba de ser otra suerte de apego, de ego. El ego siempre se sentirá incompleto y necesitado. Hoy, siento compasión por el sufrimiento vivido y generado.

El camino es el que es. Estamos, ya lo vemos, en los tramos estrechos del ego. No pensemos ni por un segundo que vamos a salir pronto, porque cuando nos queramos dar cuenta veremos que hemos vuelto a él y que hemos terminado con nuestros doloridos huesos en la cuneta del ego. El camino es el que es y así está bien. Si fuera diferente a como es, no sería el camino, sería un producto del ego.

> Y hoy estoy mal, un día más.
> Tus ausencias siguen siendo mis vacíos.
> Hay días en los que estoy tan a gusto, y hay otros días que me siento horrible.
> La mente se vuelve loca con tu comportamiento.
> Un día me dices «amor» y me dedicas toda tu atención, y al siguiente día desapareces.
> Ese comportamiento, ese reforzamiento intermitente, engancha a la mente del yo.
> La esencia ni se inmuta ante tus idas y venidas, pero la mente egoica se vuelve loca.
> Agradezco la lección y comprendo que esto va a continuar así hasta que aprenda la lección.

Ahora mismo sigo donde estaba, pillado.
Noto cómo la mente está ya elaborando para
superar el dolor que siente.
Noto la agitación de la mente, su
desequilibrio, su falta de armonía y de paz.
Noto el bullicio, el ruido, el griterío.
La mente del yo se siente atacada, agredida,
violentada. E imagino que de alguna manera
tiene motivos para sentirse así.
Tu comportamiento desestabiliza a la mente
del yo, tus idas y venidas la descentran.
No soy yo quien está mal, es el ego.
El ego es el que está sufriendo.
A la esencia nada de esto le afecta.
Llevo varios días encerrado en el ego,
desconectado de la realidad.

El problema son las expectativas.
El sufrimiento surge de las expectativas.
Si un día me dices «amor», la mente del yo
genera unas expectativas.
La mente del yo espera que seamos pareja,
pero a la vez no quiere que seamos pareja,
ya no, le asusta la idea de volver a lo que
recuerda, de volver a sufrir.
La mente del yo no quiere que vivamos
juntos, pero tampoco quiere que no estemos
juntos.
El ego es posesivo, dependiente.

Duele el recuerdo del ayer, la idea del mañana.

Siento una profunda tristeza.

Siento como una losa sobre mí, un peso pesado.

No siento felicidad.

No siento paz.

Estoy como cuando era pequeño, ansioso porque llegara mi madre a casa y ansioso porque luego no la sentía disponible.

No estoy contento con el momento presente.

Quiero que cambie la situación actual.

No estoy conforme con el estado actual.

Quiero irme de donde estoy.

La mente del yo quiere huir de aquí, irse lejos donde nada duele, olvidar, olvidarte.

Menos contacto, más tranquilidad.

La mente del yo se va calmando sola.

Es el recuerdo lo que activa la mente del yo.

El olvido aquieta la mente del yo.

El alejamiento calma la mente del yo.

La idea de separación agita la mente del yo, pero la separación real la aquieta.

La idea de perderte trastorna la mente del yo, pero el hecho de no tenerte la calma.

La idea agita, el hecho calma.

La idea paraliza, el hecho revitaliza.

La idea asusta, el hecho tranquiliza.

La mente se agita a sí misma.

El hecho trae paz.
La idea es febril.
El hecho es calma.

Te dejo libre. O eso me digo.
Suelto.
Me abro a lo nuevo.
Con amor, sobre todo hacia mí mismo.
Me libero de intentar tener una relación
afectiva contigo.
Te libero de que tú también lo intentes.
Nos liberamos.
Me separo de forma definitiva.
Y no espero volver nunca.
Porque esto que tenemos es tóxico, al menos
para mí.
Confío en poder tener sentimientos de
verdadera amistad hacia ti, sin mezclarlos
con sentimientos de pareja.
Me miento y lo sé, pero ahora mismo es lo
único que puede salvarme de tanta tristeza.

De nuevo, pasado un tiempo desde que fueron
escritas estas palabras, me doy cuenta de la desesperación del yo por sentirse amado y de las racio-
nalizaciones que emplea para intentar salir de una
situación que existe simplemente porque existe el
ego. Y siento una profunda compasión.

El camino, lo veremos, también es un camino de
compasión. No todo va a ser ego.

Te quiero conmigo, no para mí.

¿Por qué no soy feliz hoy? Seguramente, es el ego el que no es feliz, ni hoy ni nunca.

Y fíjate que tengo la sensación de que esto, por primera vez, se ha terminado. Viéndolo con perspectiva, eso suena más a un deseo que a un hecho, a una mentira piadosa con uno mismo, a ego.

El dolor del abandono es como una tormenta de arena que oscurece todo, te rasga por fuera y te ahoga por dentro, pero una vez que pasa la tormenta, una vez que termina el dolor, uno se queda solo, en calma, en paz. Murakami lo expresa mucho mejor, él es un poeta, pero lo he experimentado en toda su amplitud y con toda su intensidad.

Y lo más curioso de todo esto es que realmente me gusta estar sin ti, estar solo y que no seamos pareja, que la perspectiva de que seamos pareja me seduce en el plano de las ideas, pero no necesariamente en el plano de la realidad. Imagino que las neuronas espejo estarán haciendo de las suyas, que se estarán mimetizando con la tormenta de romanticismo adolescente que impera en nuestra sociedad actual, deseando ideas que han sido creadas por otros y que hemos integrado como nuestras en lo más profundo del ego.

De nuevo, tiempo después de haber escrito lo anterior, uno se da cuenta de la influencia del ego en todo lo que uno percibe como uno, de que el dolor que sentimos es un dolor generado por la mente del yo basado en un pensamiento, de que el dolor es el de la mente del yo, y no del cuerpo ni de la esencia. El dolor físico va por otro camino y, lamentablemente, puede llegar a ser insoportable, a destruirlo todo. Aprovechamos para mostrar gratitud hacia los médicos, enfermeros y científicos, independientemente del género, que nos ayudan a paliar los efectos tan devastadores del dolor físico.

A continuación, algunas notas más sobre cómo vive el apego una mente del yo dependiente.

El erial donde habita el ego

Lo que se describe a continuación no es amor ni tiene nada que ver con el amor, pero el ego no conoce nada mejor. El camino transita por el ego. Eso es lo que toca en este momento. Observamos.

Sé que estás enamorada de otro, que tu corazón se acelera ante la idea de estar con él, que tu mente se encuentra confundida ante el tsunami de intensas emociones que sientes ante la sola idea de su nombre, sé que te sientes vulnerable, pequeña, en peligro y a la vez fuerte, plena, rebosante de energía, dispuesta, preparada, con ganas de dar todo lo que tienes dentro y de ser feliz. Y lo sé porque así es como me he sentido cada vez que me he enamorado. Solo me queda desearte mejor suerte con el amor que la que yo he tenido hasta ahora. Suerte en el sentido de que tus sentimientos de amor hacia él sean correspondidos, porque lo contrario es un desierto, un erial interminable lleno de espinos, donde tan pronto te estás asfixiando por el calor insoportable que incendia en la mente el recuerdo de él como te estás congelando, sintiendo, en lo más profundo del corazón, la mordedura helada del abandono. Y lo sé porque lo he vivido incontables veces. La última vez, contigo.

Y no se me ocurre qué decirte para que te sientas mejor si finalmente no eres correspondida en tu amor. No se me ocurre porque no sé qué decirme a mí mismo, porque llevo años perdido en ese erial de fuego y hielo, en ese infierno del corazón, en esa lucha interminable por conseguir que, por favor o por piedad, me ames y que podamos finalmente estar juntos para siempre.

Y mientras no sé qué decirte ni sé qué hacer, aquí sigo, esperando a que ocurra algún milagro, a que por fin te des cuenta de que me amas y de que soy el amor de tu vida. Pero, como dice el refrán, «el que espera, desespera». Desesperado sigo, la desesperación continúa, soy desesperación, sin esperanza, sin fe y con poquísima caridad hacia mí mismo.

El camino del yo es un camino de espinos, pero es el camino en el que nos encontramos. Seguimos. Una luz tenue se percibe a lo lejos: hay conciencia del yo.

Eastbourne, 1984

Me retrotraigo mentalmente a un tiempo en la memoria en el que tú aún no existías, aún no habías ni tan siquiera nacido y yo ya era entonces. Ya entonces me había enamorado y desenamorado mil veces, ya había sentido la sublime sensación del enamoramiento y el amargo sabor del desamor. La mente del yo ya había idealizado a mil mujeres antes que a ti, ya había convertido a mil pastoras de pueblo en Dulcinea, ya les había atribuido connotaciones casi divinas, ya había sentido la necesidad de amar y de ser amado mucho antes de que tú nacieras. Y me temo que seguirá haciéndolo hasta el fin de sus días, porque esa parece ser su condición, su maldición, el ego.

En otra vida o en otro lugar donde alguien con capacidad de conceder deseos me escuchó y me otorgó el mío, debí de elegir conocer el sentimiento de estar enamorado, debí de elegir vivir el enamoramiento en toda su profundidad, con toda su fuerza creadora y su capacidad destructiva. Porque donde hay enamoramiento hay también destrucción, quizá para compensar. Así que ese «alguien» debió darme lo que le pedí con tanto interés como con tanta ignorancia por mi parte.

En 1984, antes de que tú hubieras tan siquiera nacido, ya escuchaba *The power of love*, *Time after time*, *Stuck on you*, *Purple Rain*... En 1984, todos esos enormes artistas que interpretaban dichas canciones estaban como estoy ahora, intentando expresar la fuerza del amor en canciones eternas o, mejor dicho, del enamoramiento, que, aunque parece ser lo mismo, en el fondo no tiene nada que ver. Y los escuchaba y me enamoraba con sus melodías y le pedía a una chica bailar, acercándome a ella cuando ponían los tres lentos y en mi mejor inglés y con mi mejor sonrisa le preguntaba «*Shall we dance?*», que en el fondo significaba: «Amémonos, bailemos y fundámonos en un único amor, eterno, puro, divino. Toquemos el cielo, juguemos a ser ángeles».

Y todo esto ocurría tarde tras tarde en aquellos veranos en Eastbourne, en el sur de Inglaterra, mucho antes de que tú ni tan siquiera hubieras nacido. Eso me lleva a darme cuenta de que, en todo este tiempo, el elemento conector, el hilo conductor, el patrón que se repite, el bucle interminable, es siempre el mismo: el ego en busca de amor, un amor edulcorado, falso, inconsciente. Un niño en busca de su mamá. Me cuesta decir esto, pero la verdad es que, por mucho que te eche de menos, no eras, no eres ni nunca serás el amor de mi vida, ese amor divino que ni yo mismo puedo llegar a entender. Y no lo eres porque ese amor que es infinito y eterno, por el simple hecho de ser infinito y eterno, no puede ser echado de menos. Uno echa de menos aquello que fue y ya no es, aquello que ha terminado. Uno no echa de menos aquello que es infinito y eterno, porque es aquí y ahora, ahí y siempre.

Y es que nada de esto tiene nada que ver contigo y todo que ver conmigo, con el ego. Todo esto es sobre el ego, sobre su necesidad de sentirse amado, sobre su incapacidad de amar y su tendencia a enamorarse. Rasgos de personalidad, carencias que ya tenía mucho tiempo antes de que tú ni tan siquiera hubieras nacido y que acompañarán al ego allá donde vaya.

El amor trasciende la vida, nos trasciende a ti y a mí, y no tiene límites, ni principio ni final.

Aquello que uno sintió tan intensamente, aunque cueste admitirlo, nunca fue amor, fue carencia.

> 50 años esperando
> 50 años deseando que tú, mi madre, me amaras, y que tú, mi padre, me admiraras.
> 50 años pensando que no era suficiente, que no era digno, que tenía algún problema que impedía que me quisierais.
> 50 años desangrándome internamente, llorando en silencio, sin que se notara, sin molestar.
> 50 años para darme cuenta de que tú, mi madre, nunca estuviste emocionalmente disponible, y de que tú, mi padre, estabas dominado por el narcisismo.
> Desde entonces, estoy intentando comprender, perdonar y amar, a vosotros y a mí mismo.
> Desde entonces, sigo desangrándome interiormente, pero ya no me preocupa que me vean llorar.
> Llevo toda mi vida esperando.

Esperando, cuando era pequeño, a que llegara mi madre de hacer la compra, mi padre de trabajar y mis hermanos del colegio.

Esperando a que acabara el colegio para volver a casa.

Esperando que terminara el curso para irnos de vacaciones.

Esperando terminar mis estudios para independizarme.

Esperando que se te pasase el enfado para poder volver a estar bien.

Esperándote.

Y aún sigo esperando.

Esperando que llegue el día en el que ya no tenga hipoteca para hacer más cosas.

Esperándote.

Toda mi vida esperando, toda mi vida esperándote.

¿Esperando exactamente a qué?

El que espera, desespera. ¿No dicen eso?

A continuación, algunas reflexiones más sobre el apego.

Uno se apega a la herida. Es probable que no sea algo consciente, pero es.

El apego nos apaga. Apaga la llama de la vida.

El ego no olvida, no perdona y no suelta, porque no puede hacerlo. El ego necesita recordar para ser, aferrarse para sentirse seguro. Esa es la naturaleza del ego y su génesis.

Dejar ir duele. El chicle pegado a la muela. Soltar la escafandra.

En este momento, la mente del yo percibe el apego como falta de apoyo, de empuje, de permiso y de aprobación para ser feliz. El apego nos hace sentirnos insuficientes, dependientes, faltos y necesitados, porque esa es su naturaleza.

Ya dijimos que el desapego es posible viviendo la vida como un espectador, y no como un actor. Al desconectar el yo, existe la posibilidad de conectar con la conciencia del no-yo, ese estado donde uno deja de percibirse como el centro y comienza a percibir lo que es, al margen de uno.

A continuación, los pensamientos de una mente del yo perturbada por el apego y sus intentos por sobrevivir. Intentemos leerlos con amor y con compasión, recordando que son vivencias experimentadas desde la conciencia del yo, a pesar de sus vanos esfuerzos en trascenderlo.

Recordamos que el camino transita por tramos angostos que uno desearía haberse ahorrado. Pero el camino es el que es, aunque no lo entendamos.

Manual de autoayuda para una mente ansiosa escrito por una mente ansiosa

1. Dejar ir

Llamar para preguntar si necesitas algo. No llamarte porque te eche de menos o porque necesite saber que me quieres.

Llamarte para decirte que te amo y que soy muy feliz.

Quererme a mí mismo.

No sentirme abandonado cuando no estás.

Recordarme que soy muy valioso, especial y digno de ser amado.

Recordarte que eres muy valiosa, especial y digna de ser amada.

Cuando me enfado por algo, tengo que recordarme que cuando estoy solo, sin ti, deseo más que nada en el mundo estar contigo y que siento que mi vida sería mucho mejor si estuviéramos juntos.

Recordarme que si alguna vez insisto más de lo habitual es porque se ha activado mi sistema de apego y he iniciado una conducta de protesta para llamar tu atención, obviando lo maravillosa que eres y lo feliz que soy contigo.

Recordarme que soy maniático con mis cosas, que ser así puede llegar a herir a quienes quiero más, hacerles infelices y alejarlos de mí, que hay que intentar rectificar para no hacerles daño.

Recordarme cuando estoy enfadado que me importas de verdad. Decírtelo, disculparme por mi comportamiento y parar.

Recordarme que las cosas importantes necesitan su tiempo. No agobiarme, no agobiarte, fluir.

Recordarme cuando estoy enfadado que me importas y no cuestionar nuestra relación. No cuestionar nuestro amor por este hecho. No sentirme profundamente decepcionado por lo que acabo de vivir. Recordarme que mi sistema de apego está activado y está lanzando una conducta de protesta. Recordarme que te amo y que me importas de verdad.

Regla de la no interferencia

Esta situación es estresante para ambos y tengo que darte apoyo, no estresarte. Respiro profundamente. Tengo que recuperar el control de mis emociones, sonreír, decirte lo importante que eres para mí y apoyarte.

No generalizar este conflicto a lo que realmente significa para ambos esta relación.

Debo recordar que el hecho de que nos enfademos no significa que la relación se haya acabado.

No debo dejar que los pensamientos negativos controlen mi pensamiento.

Profecía autocumplida: no tiene por qué ser así. No estoy destinado a acabar solo.

Tengo que evitar actuar así. Respira, relájate y permítete que el amor vuelva a emanar por tus poros. Serás tú el primero que lo agradezca y también lo harán las personas que quieres y que te quieren.

Para cada cambio se necesita un periodo de ajuste que puede resultar incómodo. Paciencia y amor. Sonreír y darnos amor. Apóyala, ella lo está pasando aún peor que tú. Pregúntale qué necesita y cómo puedes ayudarla. Intenta aliviarla, respira y recuerda que la amas y que ella también te ama y quiere que la relación funcione para los dos.

No la agobies, se sentirá amenazada por su sistema de apego —un apego evitativo—[5]* y querrá salir corriendo. Dale su espacio. Te quiere de verdad y volverá. Déjala marcharse si quiere marcharse, y dile que la amas y que esperas que vuelva pronto. Que quieres que sea feliz. Recuerda también que en soledad también eres fuerte. No te agobies por su marcha. Aprovecha para trabajar en la autoconfianza. Quiérete y disfruta, también sin ella. Por tu propio bien y por el suyo.

---

5 Seguro que muchos lectores lo saben, pero quizá valga la pena señalar muy brevemente que el apego evitativo es un concepto usado para referirse a un modo de comportamiento caracterizado por evitar o rechazar el apego. Las personas con este tipo de apego inseguro suelen ser muy independientes, a menudo evitan mostrar cercanía emocional con los demás, en particular con sus parejas, y relacionan la intimidad con la vulnerabilidad, de ahí que suelan controlar sus emociones, entre otras cuestiones. Dar más detalles o abordar posibles causas de este tipo de apego desbordaría con mucho los límites de estos libros.

Cultiva aficiones y amistades al margen de ella y respeta y entiende que ella también lo haga. Es sano y bueno que ambos tengamos nuestro propio espacio individual.

Cuando diga, que lo dirá, que se va a vivir sola, apóyala. Ayúdala. Dale mucho amor, porque está agobiada y se siente mal. No pienses que no te quiere. Te quiere y querría estar contigo, pero su sistema de apego evitativo le lleva a desactivarlo para sobrevivir. Porque se siente amenazada y su forma de sentirse mejor es alejarse de ti. Pero no olvides que aun así te ama y que tú también la amas a ella. Respétala. Entiéndela y dale mucho amor. Volverá. Y un tiempo separados os hará bien a los dos. Ella lo necesita, y tú también. Déjala ir. Desapégate. Recuerda que estando solo estás tranquilo y que no te falta nada. Que todo lo que necesitas está única y exclusivamente dentro de ti. Que tu corazón y tu alma están llenos de un amor infinito. Que sabes consolarte.

2. Comprender

Intentad hacer cosas que os diviertan a los dos: pasear, salir a cenar, viajar. Intentad encontrar tiempo para estar juntos y buscar el contacto físico. Ella necesita menos contacto físico y tú más, o al revés. Entendedlo. A ambos os hirieron de pequeños. Intentad respetarlo, intentad entenderlo. Es vuestro sistema de apego y os cuesta mucho hacerle frente, pero podéis conseguirlo.

Ella te va a intentar alejar una y otra vez. Va a seguir manteniendo una buena parte de su vida para ella, va a estar con el teléfono sin decirte qué está haciendo, va a hablarte de otras personas y de lo maravillosas que son, va a decirte cómo todos quieren ligar con ella, va a quedar con unos y con otros, te va a acusar de celoso y de dependiente, va a querer dormir en habitaciones separadas, va a encontrar cosas que hacer sin ti justo para no estar contigo, te va a rechazar constantemente.

Recuerda que todo responde a un único motivo: su sistema de apego evitativo. Y, aun así, te quiere y te necesita. Pero está protegiéndose. Te va a hacer de menos, va a intentar darte donde más te duele. Y eso lo va a hacer porque está intentando desactivar su sistema de apego.

Cuando eso ocurra, que ocurrirá una y otra vez, intenta no sentirte culpable, no pienses ni por un segundo que no vales, no pienses que no eres digno de ser amado, no permitas que te hiera con sus palabras ni con sus rechazos. No permitas que te afecten sus ligues. Todo eso no tiene absolutamente nada que ver contigo. Es su estrategia para intentar desactivar su sistema de apego evitativo. Es así con todas las personas. No puede evitarlo. Es su condición. Tú intenta sentirte bien contigo mismo. Mantener tu paz. Recordarte lo maravilloso que eres. Eres único y estás lleno de amor. Y todo el amor que necesitas y que te mereces está única y exclusivamente dentro de ti.

Cuando su conducta de desactivación se ponga en marcha, recuerda que es su forma de protegerse y que ella lo está pasando aún peor que tú. Intenta no sentirte poco atractivo ni feo ni viejo ni que eres incapaz de vivir en pareja. No permitas que se cumpla la profecía autocumplida. No estás condenado a ser infeliz en pareja. No es ninguna maldición.

Intenta comprender y aceptar que ella siempre va a poner barreras entre tú y ella, que siempre va a necesitar alejarse de ti. Y que, sin embargo, te ama y tú la amas a ella. No pienses nunca que actúa así por culpa tuya. Tú no tienes la culpa de nada. Es su manera de desactivar su sistema de apego. Lo haría con cualquier otra persona de quien estuviera enamorada. Intenta dejarla ir, desapegarte. Intenta darle mucho amor y darte a ti mismo mucho amor.

Lo estás haciendo muy bien, y ella también. Lo estáis intentando y, a pesar de lo opuesto de vuestros sistemas de apego, estáis consiguiendo encontrar momentos de verdadera felicidad juntos. Y os necesitáis mutuamente, aunque podáis vivir separados, pero os queréis y entendiendo cómo funcionan vuestros sistemas de apego podéis conseguir vivir juntos como una pareja y ser felices.

Intentad no culparos por lo que está ocurriendo. No sois culpables el uno de la infelicidad del otro. Estáis para daros amor sin pedir nada a cambio. Vuestra felicidad emana de vuestro amor propio.

Sois compañeros de viaje, no sois responsables de la felicidad del otro.

No esperes que vaya a cambiar ni a mejorar con el tiempo. No puede hacer otra cosa. Si esperas que cambie, vas a sentirte decepcionado y vas a sufrir. Si decidís estar juntos, tienes que entender que ella va a estar buscando de manera constante maneras para alejarse de ti, y que habrá días en los que te encuentres fuerte y seguro de ti mismo y lo entenderás y le darás amor y respeto, pero también habrá otros días donde estarás indeciso y tu sistema de apego inseguro se activará. Y lo lamentarás.

Cuando no puedas más, recuerda que os amáis. Que separados os echáis muchísimo de menos. Que cuando estáis alejados, estáis deseando volver a estar juntos. Así que, antes de decir algo de lo que te vas a arrepentir, piensa qué haría alguien con un sistema de apego seguro, y haz lo mismo. No permitas que tu sistema de apego ansioso ni su sistema de apego evitativo te dominen.

3. Mirar hacia dentro

Tu inteligencia general te permite controlar la activación de tu sistema de apego y tu mente. No esperes que cambie. No puede ni nunca lo va a hacer, por mucho amor que le des. Jamás cambiará. No estás con ella para que cambie. Estás con ella porque la amas. Estar con ella te viene bien a ti también para aprender a desapegarte. Tu sistema de apego es ansioso y necesitas trabajar el desapego. Es una buena lección para ti. Transfórmalo, si puedes. E intentar aprender a ser feliz sin apego.

No te tomes nunca sus respuestas como una ofensa ni como algo personal. Es así con todas las personas. Es su forma de desactivar su sistema de apego evitativo. Intenta aprender a estar solo, sin ella, a cultivar tu propia intimidad, a no ser dependiente, a disfrutar estando solo. Si te sientes abandonado, recuerda que puedes ser feliz sin ella. Que tu tranquilidad y tu paz emanan de ti mismo. Ella puede no estar y tú puedes seguir siendo feliz. Cuando no esté, intenta aprovechar para hacer esas cosas que no hacías cuando estabais juntos. No tenéis por qué hacer todo juntos. Haz tus planes, invítala y, si no se apunta, no sientas que no te quiere lo suficiente. Te quiere, pero necesita su espacio. Y tú no la necesitas. Piensa en planes que te diviertan y hazlos con ella o sin ella.

Agradece que sea evitativa y que, por tanto, no esté todo el día pegada a ti, porque te sentirías agobiado en la relación, atrapado. Agradece que al estar con una persona así vas a disponer de toda la libertad para hacer lo que te gusta, tendrás mucho tiempo libre para hacer lo que quieras. Prueba a salir, queda con tus amigos, cuida de tus hijos, entrena, viajar, lee, escribe, haz deporte, conoce gente nueva, acude a fiestas, ríete mucho, aprende cosas nuevas. Si haces todo eso sin ella, estarás distraído y contento y no la agobiarás. Ella tampoco es responsable de que te diviertas.

Recuerda que, si quieres tener mariposas, debes lograr que tu casa sea un jardín y ellas vendrán a ti. En lugar de enfadarte porque se va sin decir ni dónde está, recíbela con amor cada vez que vuelva. Enfadarte solo la alejará más, lo cual no es malo para ella, mientras que para ti es una fuente de dolor.

Es muy importante que entiendas desde ya, para que luego no haya decepciones ni resentimientos, que vas a pasar la mayor parte de tu tiempo solo, sin ella, que, a pesar de romperte la cabeza pensando en planes que crees que le van a apetecer hacer, te va a poner todo tipo de excusas para no ir. No te frustres cuando ocurra, porque va a ser una constante en vuestra relación. A pesar de ello, sigue haciendo planes que te diviertan a ti y hazlos, con ella o sin ella. Su sistema de apego evitativo necesita poner esa distancia que a ti te mortifica. Intenta aprender a vivir con distancia, en el fondo es una gran ventaja para ti, más espacio para vivir tu vida sin estrecheces, más tiempo para vivir tu vida como quieres. E intenta aprender tú también a coger distancia cuando a ti te viene bien, no solo cuando ella quiere.

Aprende a decirle que no cuando no quieres hacer algo. Niégate y mantente en tu negativa. No tienes por qué consentirle. Si quiere estar contigo así, bien; si no quiere, también. No hagas algo que no deseas hacer para que no se vaya. Se va a ir de todas maneras. Pedirte cosas es una manera de coger distancia o de reafirmarse en que la quieres. No tienes por qué hacerlo, no tienes que hacer nada que no desees. De esta manera, no estarás comprando su compañía. Puedes poner tus límites, igual que ella los pone. Y no dejes que los sobrepase nunca.

Es posible que en esas condiciones ella no quiera continuar con la relación. En ese caso, agradece el tiempo que habéis pasado juntos, recuérdate y recuérdale que la amas y déjala marchar. Intenta aprender a soltar, a dejar ir. Recuerda que estando solo también estás bien. Al cabo de un tiempo, volverá, o quizá no. Sigue con tu transformación. Ella tiene que recorrer su propio camino. A veces caminaréis juntos y a veces separados. Ámala siempre. Ámate siempre.

4. Aceptar

Agradece que exista, porque a veces te hace feliz y a veces te enseña lo que necesitas para tu evolución, que básicamente es aprender a desapegarte y a amarte a ti mismo.

Intenta aceptar que va a intentar no hacer nada relacionado con cosas que a ti te gustarían. Si esperas que lo haga, te sentirás defraudado. Tiene apego evitativo y hacer ciertas cosas le agobia y le asfixia. Si decides estar con ella, tienes que aceptar que es así y que no va a cambiar nunca. Si te genera malestar y rencor, no empieces una relación con ella. Si estáis juntos, recuerda que la amas y, por tanto, la aceptas como es. Recuerda que, a pesar de todas esas cosas que te disgustan, hay también otras que te hacen feliz. Recuerda que la intimidad le duele y sufre. Recuerda que no es por ti, que no es culpa tuya, que te elige a ti porque te quiere.

Recuerda que el compromiso probablemente no es mutuo. Que es solo de tu parte. Ella no se compromete. Piensa si eso es suficiente para ti, si es asumible o no. Si es insoportable, plantéate si sigues con ella. Si estás con ella y la relación es inasumible, recuerda que le gobierna su mente, igual que a ti la tuya.

No pienses que vas a conseguir los mismos objetivos. Quizá solamente consigáis tener un sucedáneo de relación, no una con ambos comprometidos por igual. Es posible que seas tú quien tenga que soportar casi todo el peso de la relación. En ese caso, notarás ese peso con el paso de los años como una carga insoportable. Así que, si decides volver con ella, hazlo a sabiendas de que vas a ir de decepción en decepción hasta que te hartes tú o te deje ella, excepto que consigas cambiar tu apego por uno seguro y aprendas a vivir renunciando a tu concepto de familia, de pareja e incluso de amor. Solo entonces podrás ser feliz. Ella quizá no lo sea nunca, o quizá lo sea antes que tú. Piensa antes de meterte ahí si te compensa o si quizá sea mejor renunciar a tu apego, ignorarlo y continuar tu vida sin ella. Hay otras personas en el mundo sin miedo al compromiso y deseando tener una relación contigo y participar al cien por cien.

Seguimos. Recuerda que su aparente autosuficiencia es falsa. No permitas que mine tu autoconfianza, porque estarás perdido. Cuando te alejes, ella se acercará y cuando te acerques, se alejará. Ese es el movimiento sin fin que tienes que estar dispuesto a vivir.

Como persona con apego ansioso, es posible que utilices el sexo como un medidor de cuánto te quiere, cuánto te desea y cuán atractivo eres. Es posible que por su parte no haya caricias, abrazos, besos, ni antes ni durante ni después. Es su forma natural de desactivar su apego. Así no se acerca tanto a ti. Pero, como ansioso que eres, vas a sufrir por la poca intimidad que tienes y lo fría que te resulta la relación. Y lo más probable es que nunca cambie. Porque ella no puede hacerlo de forma diferente y para ti así no es suficiente. Probablemente, acabe convirtiéndose en un grave problema para los dos. Excepto que aceptéis algún tipo de relación diferente que os pueda valer a ambos. Pero, como ansioso, eso no es lo que tú quieres de verdad. Aunque es un aprendizaje, es doloroso y necesario para desapegarte.

Una vez leído lo anterior, pasado el tiempo, uno tiene otras formas muy diferentes de comprenderlo. Nunca debemos vivir ciertas situaciones como las descritas anteriormente. Uno debe protegerse y amarse de verdad, y eso implica alejarse lo más lejos posible de quien no está vibrando en la misma frecuencia de amor. Hay que sentir compasión y alejarse. El drama descrito anteriormente fue vivido así por la presencia casi absoluta del yo en la mente. Es un tramo del camino tremendamente doloroso. Nadie debería tener que pasar por nada de lo anterior, ni justificarlo ni permitirlo. Lo descrito no tiene nada que ver con el amor y tiene todo que ver con el apego. El amor no duele. Nunca, jamás. Si duele, no es amor, es apego. Ojalá que lo narrado en las líneas precedentes sirva a alguien para despertar y darse cuenta de que así no es, para darse cuenta de que sufrir no tiene nunca nada que ver con el amor, para construir relaciones sanas y no permitir las tóxicas. Nadie merece ser tratado así, nadie merece tratarse a sí mismo así.

El camino es el que es. Y, en muchas ocasiones, es un camino muy difícil y doloroso.

Pedir ayuda.

La sombra

En invierno evitamos la sombra que buscamos en verano.

La sombra es la representación bidimensional de la existencia física.

El cuerpo es la representación tridimensional de la existencia física.

La esencia es la representación n-dimensional de la existencia.

La sombra es uno, pero uno es más que la sombra.

La sombra deriva de uno, está relacionada con uno y sin uno no existiría la sombra.

El cuerpo deriva de uno, está relacionado con uno y no sabemos con certeza la relación entre uno y el cuerpo.

La esencia no sabemos si deriva de uno, aunque intuimos que está relacionada con uno y creemos que sin uno seguiría existiendo la esencia.

Aceptamos que existe mucho más de lo que comprendemos desde el ego.

La iluminación, el conocimiento de uno mismo, que es el conocimiento de lo que es, solo llega —si llega— cuando uno deja de intentar comprender desde la perspectiva del ego.

La perspectiva limita la comprensión.

Desde esta dimensión egocéntrica, solamente podemos hacernos preguntas sobre las otras dimensiones, pero nunca obtendremos respuestas mientras sigamos analizándolas con la mente tridimensional. La escafandra y el traje espacial limitan nuestros movimientos.

La intuición es una puerta a otras dimensiones.

El camino es incomprensible para el ego.

No te quiere como pareja

No te quiere como pareja. Que eso no haga cuestionarnos nuestra valía.

No te quiere como pareja. ¿Para qué querríamos seguir ahí?

No te quiere como pareja. Borrón y cuenta nueva.

No te quiere como pareja. ¿Cuál es el problema?

No te quiere como pareja. Vete con la música a otra parte. No os debéis nada.

No te quiere como pareja. ¿Duele la libertad?

No te quiere como pareja. ¿Sientes libertad o soledad? En ambos casos, siente gratitud, es lo que necesitabas para profundizar en el autoconocimiento, aunque duela.

No te quiere como pareja. ¿Para qué seguir pensándolo?

No te quiere como pareja. Adiós y gracias.

No te quiere como pareja. Pero eso, en el fondo, ya lo sabías.

No te quiere como pareja. Tú tampoco a ella o a él, aunque aún no te has dado cuenta porque estás en el yo.

No te quiere como pareja. ¿Y qué?

No te quiere como pareja. Lo bueno es que ahora que lo sabes puedes actuar en consecuencia.

No te quiere como pareja. Perderlo es ganarte, perderla es ganarte. A menudo, perder es ganar.

No te quiere como pareja. Has ganado mucho, prueba a centrarte en eso.

No te quiere como pareja. Sonríe, has perdido una pareja, no la capacidad de sonreír.

No te quiere como pareja. Un problema menos.

No te quiere como pareja. Gratitud, aunque ahora no lo comprendas.

No te quiere como pareja. ¡Enhorabuena, acabas de recuperar un pedacito más de libertad!

No te quiere como pareja. ¿Y eso exactamente qué tiene que ver contigo?

No te quiere como pareja. Esa es la verdad, mírala —a la verdad— a los ojos.

No te quiere como pareja. Lo que es, es.

No te quiere como pareja. Y, sin embargo, tú sigues siendo tú. Intenta comprender quién eres.

No te quiere como pareja. Y, sin embargo, el mundo sigue girando sin inmutarse.

No te quiere como pareja. Y el camino lo sabe y no hace nada para que sea diferente. Pregúntate por qué.

No te quiere como pareja. Antes sí te quería y no te preguntabas por qué. ¿Por qué hacerlo ahora?

No te quiere como pareja. A intentar ser felices cada uno por su lado.

No te quiere como pareja. Era su elección y ahora su elección es otra. Probablemente, eso tenga más que ver con él o ella que contigo.

No te quiere como pareja. Quedas liberado de pensar en ella o en él.

No te quiere como pareja. Permítete caminar también ahora. O, quizá, empieza a caminar ahora.

No te quiere como pareja. Realmente no necesitas analizar qué pasó ni hallar respuestas. Solo necesitas comprenderte.

No te quiere como pareja. Permítete salir de ahí, cerrar la puerta detrás de ti y respirar hondo. El camino tiene preparadas sorpresas inimaginables.

No te quiere como pareja. Dolerte no va a hacer que cambie de opinión.

No te quiere como pareja. ¿A quién dices que le duele? ¿Conoces a ese «quién» al que dices que le duele?

No te quiere como pareja. Prueba a no obsesionarte y a olvidarlo cuanto antes.

No te quiere como pareja. Puedes transformar el dolor en compasión.

No te quiere como pareja. Seguramente no puedes hacer nada para que vuelva, pero sí puedes hacer mucho para darte amor.

No te quiere como pareja. Que así sea.

No te quiere como pareja. Acaba de desaparecer un estado mental.

No te quiere como pareja. Duela o no, es un hecho. Aceptación y gratitud.

No te quiere como pareja. Es su decisión. Respeto.

No te quiere como pareja. ¡Felicidades!

No te quiere como pareja. Intenta no engañarte. Tú no la quieres como amiga, no le quieres como amigo.

No te quiere como pareja. Todo está bien, te des cuenta o no.

No te quiere como pareja. Alguien que aún no conoces sí te quiere como pareja. ¿Te lo vas a perder?

No te quiere como pareja. Nada más que decir.

No te quiere como pareja. En verano volverá a hacer calor. En invierno refrescará.

No te quiere como pareja. Deja que el camino se encargue.

No te quiere como pareja. Eso pasa mucho.

No te quiere como pareja. A mí me pasó lo mismo y ya ni me acuerdo.

No te quiere como pareja. El dolor surge porque sigues aferrado a ella o a él, porque crees que sin su presencia el camino será mucho peor. ¿Y si no es así?

No te quiere como pareja. Pero sigues sin soltar, y eso te está dañando más que si soltaras. Prueba a soltar y a ver qué pasa. Es mucho peor seguir siendo arrastrado por el suelo.

No te quiere como pareja. Gratitud por todo lo que habéis compartido.

No te quiere como pareja. Quizá esté en un lugar que no es el mismo que el tuyo en este momento.

No te quiere como pareja. Deséale lo mejor.

No te quiere como pareja. Y duele porque sientes el abandono y el rechazo a través del yo. Pero en verdad sois uno con el mundo, aunque el yo no lo vea.

No te quiere como pareja. Intenta recordar que somos transformación.

No te quiere como pareja. Una pareja se compone de dos individuos, es decir, la pareja es un concepto del yo. La esencia no entiende de individuos, solo del Todo indisoluble.

No te quiere como pareja. No existe ninguna persona, ni individuo como tal. Solo existe la idea de la mente de individualidad y de relación.

No te quiere como pareja. Esa es una idea de este plano dimensional, una idea desde la perspectiva de la mente del yo. No es necesariamente cierto.

No te quiere como pareja. El camino es el que es.

No te quiere como pareja. Respira.

No te quiere como pareja. Pedir ayuda.

No te quiere como pareja. No estamos solos.

Relacionarse desde el yo

Cuando nos relacionamos desde el yo, podemos llegar a sentir algo así:

Me agotas con tu energía.

Me elevas con tu alegría.

Me confundes con tus palabras.

A tu lado, no soy yo.

Me desarmas con tu presencia.

Me sorprendes con tus acciones.

Atacas al ego.

Necesito abrazarte.

Quiero besarte.

Todo es la mente del yo, todo transcurre en la mente del yo.

No es real ni tiene nada que ver con uno. Pero parece tan real que apenas lo distinguimos.

La lloré y aún la lloro

Una noche, escaso de esperanza y pletórico de carencia, caí en la cuenta de que la deseaba cien veces más de lo que ella me deseaba, de que la pensaba mil veces más de lo que Frígida, que así se llamaba, alguna vez llegó a pensarme, y de que la amaba infinitamente más de lo que Guadaña, que ese era su apellido, jamás podría amarme.

En ese infinito instante, la razón, con un resplandor más gélido que la propia muerte y hastiada de tanta indolencia, iluminó de un porrazo la noche de Juan de la Cruz, del santo fontivero.

Desubicado, desconcertado, desnudo y tembloroso ante tanta verdad, Compasión, que llevaba varios días por allí rondando, impertérrita y acaso con anhedonia, apuntó lastimosamente con el dedo la salida. Nunca me detuve a agradecérselo y sé que tampoco le importó.

Atornillado al seco pragmatismo, no sin pena, pero sí sin Gloria, que así decía llamarse, emergí titubeante del lodazal desafectivo en el que las púberes heridas de la disfuncional infancia me habían eyaculado inmisericordemente.

Y me conjuré, como Escarlata, a nunca jamás volver allá. Y cumplí, con Edith en la mente, Dios bien lo sabe, la maldita promesa.

Todavía hoy, supuestamente rehabilitado y socialmente adaptado, mi amante, de nombre Corazón, es la única que se percata de que, incluso cuando río, aún la lloro.

En bucle

No concibo la vida sin ella,
no percibo su desinterés.
No me apercibo de otras doncellas,

no recibo más que su desdén.

No concibo la vida sin ella,
no percibo su desinterés.
No recibo más que querellas,
no me apercibo de mi traspié.

En bucle II

Sonrió. Renací. ¿Otra vez?
Llamó. Reviví. No puedo más.
Insistió. No contesté. Por fin.

En bucle III

Me dejó. Morí. Pues no.

Terminamos este capítulo con unas meditaciones.

Al igual que en otoño las hojas de los árboles, arrastradas por el viento, caen lejos del tronco, los hijos también serán arrastrados lejos de los padres. Ambos son procesos naturales de desapego.

Otoño, la estación del desapego.

A veces ocurre que lo que a uno le gusta no es bueno para uno.

La paternidad es la oportunidad que la vida nos da para redimirnos.

La paternidad solo puede ser ejercida desde el amor. Si hay cualquier otro interés, no es verdadera paternidad.

Parafraseando a Unamuno, hay personas que pasan por la paternidad, pero la paternidad no pasa por ellas. No hay transformación.

Hay conflicto y lucha entre la paternidad y la idea de paternidad.

El apego es el truco del yo para evitar la soledad. No funciona.

Si cuesta soltar es porque anteriormente nos hemos aferrado a algo con el fin de evitar afrontar la soledad. Hablaremos sobre la soledad más adelante, pero esto nos permite enlazar con el siguiente capítulo.

El camino es el que es. También es un camino que recorre tramos de profunda soledad. Y eso está bien.

Respirar.

11. El ego y los sentimientos

La mente se identifica y construye el yo, la conciencia de uno mismo, entre otras cosas, sobre la base de las sensaciones y los sentimientos derivados de esas sensaciones.

La relación del ego con los sentimientos daría para varios libros y para varias vidas, pero para acotar un poco el tema vamos a centrarnos principalmente en las relaciones de pareja y, en particular, en las rupturas de relación, tema bastante recurrente y que es fácilmente extrapolable a cualquier relación entre dos personas, sean o no pareja declarada.

Cuando nos dejan, pensamos que lo han hecho por alguien mejor o porque no somos lo bastante buenos, pero la realidad es que cuando alguien nos abandona no lo hace por otro, nos deja por él mismo: porque se elige a sí mismo. Eso no es bueno ni es malo, pero es percibido como bueno o malo por el ego en función de la dependencia emocional o cualquier otro tipo de dependencia que se tenga.

Dejar o ser dejado son conceptos que existen únicamente en la esfera del ego.

Ser dejado duele, pero el dolor no está ahí por un capricho del destino, sino que tiene su razón de ser, cumple una función adaptativa, aunque a veces pueda ser completamente insoportable e incapacitante.

El dolor nos indica dónde tenemos que mirar, no de qué tenemos que huir.

Lo mismo pasa con el miedo, la desesperanza, la tristeza, la desesperación y todo aquello que no sea paz. Si duele y seguimos sin prestarle atención, únicamente vamos a conseguir que el dolor se vuelva crónico. Cuando duela, podemos intentar recordar que podemos detenernos, respirar y observar con toda la atención de la que seamos capaces allí donde duele. A veces duele tanto que no podemos hacer nada de eso, solo cabe confiar en que el dolor disminuya. Normalmente, algo o alguien nos ayudará. Intentemos no estar completamente solos ante un dolor muy intenso. Pidamos ayuda.

Pedir ayuda. No estamos solos.

Afirmaba Jung: «Lo que niegas te somete. Lo que aceptas te transforma». Esta frase debería convalidarse por el grado de Psicología. Quien realmente comprenda su significado, acaba de dar un salto de gigante.

Que te dejen suele llevar asociado el sentimiento de abandono. Por eso duele. Pero si duele el abandono, podemos intentar detenernos, parar, respirar y observar con atención el sentimiento actual de abandono. Al principio, el sentimiento será más intenso, porque seremos más conscientes del dolor, pero precisamente la observación sin huir de ese sentimiento lo transformará, de forma eventual, en un sentimiento actual de paz y de quietud. Es posible que el recuerdo del abandono sufrido vuelva a generar un sentimiento de dolor. De nuevo, podemos intentar parar, detenernos, respirar y observar ese sentimiento actual. En esa mirada atenta, uno repara en que ese sentimiento de abandono no pertenece a este momento presente, a esta dimensión, a este nivel de conciencia. Uno se da cuenta de que ese recuerdo no existe en el momento actual, que el recuerdo es el lugar donde una dimensión pasada se cruza con la dimensión actual. Y ese cruce genera sufrimiento porque no se puede revivir el pasado.

Y nadie puede sacarnos efectivamente de ese estado de dolor, solamente el conocimiento de uno mismo puede lograrlo. Pero sí nos pueden ayudar. Recordemos también que el conocimiento de uno mismo es un camino que solo puede recorrer uno mismo. Podremos preguntar una dirección, pedir consejos o leer guías o mapas, pero el viaje solo lo podemos realizar cada uno de nosotros. El camino del conocimiento de uno mismo es siempre un camino diferente para cada uno. El destino parece ser el mismo —el conocimiento propio—, pero el camino de uno tendrá poco que ver con el de los demás. Podemos pedir ayuda si creemos que lo necesitamos, incluso es bueno hacerlo, pero conviene entender que los pasos hacia la meta final solo podemos darlos cada uno de nosotros. Nadie puede llevarnos allí. Y, por cierto, no hay ninguna meta final, este es un camino interminable. El camino del conocimiento propio forma parte del camino, es un tramo del camino, no es todo el camino.

El sentimiento de abandono es un estado del ego.

Sin ego no hay un «quién» que pueda ser abandonado. Si hay abandono o sentimiento de abandono es porque hay ego. ¿Quién es el abandonado? Solo el ego.

La esencia forma parte de la totalidad, es totalidad, y por eso no puede ser nunca abandonada. Sentimos abandono porque nos sentimos separados del todo. Tú eres el otro y, por tanto, el otro no puede abandonarte, porque tú también eres él. Y, sin embargo, sentimos el abandono con toda su intensidad. Notamos su mordedura, su pinchazo, su golpe. Sabemos que tú eres el otro y que el otro es tú, pero sentimos el abandono exactamente igual que cuando no lo sabíamos. Eso es así porque sabemos lo que sabemos tan solo a nivel intelectual, pero no a nivel profundo, no lo saboreamos.

El ego sigue ocupando toda la actividad de la mente del yo, más aún en los casos en los que surge el sentimiento de abandono y el dolor que este provoca. La mente del yo ha sido ocupada casi enteramente por el ego. Es un estado febril, de desconexión con el todo, de ceguera. Sin embargo, si pudiéramos darnos cuenta, veríamos que todo sigue exactamente igual que antes de que sintiéramos el abandono. El aire es el mismo, el cielo es el mismo, como lo son los árboles y los pájaros, lo es nuestra casa, en caso de tener una. Los hijos, si los hay, son los mismos, y el trabajo es el mismo. Lo único que ha cambiado es la forma de verlo. Pero todo sigue siendo exactamente igual a como era antes de que sintiéramos la punzada del abandono.

Soy consciente de que resulta contraintuitivo escuchar que todo esto es una buena noticia, pero realmente lo es si uno ha elegido el camino del auto-conocimiento. Esta experiencia es una oportunidad más de cambiar, de transformarse, de conocerse, de desapegarse, de amarse. Probemos a observar la mente del yo, a observar el ego, a ver cómo se generan hormonas que nos hacen sentir mal, que nos alteran. Tratemos de observar también que el cuerpo no ha cambiado, que seguimos igual que antes. Intentemos observar la respiración, mirar si es pausada y tranquila o si, por el contrario, es agitada. Intentemos no olvidarnos nunca de respirar. Procuremos observar que podemos seguir haciendo todo aquello que queríamos hacer antes de sentir el abandono: seguir saliendo a pasear, leer, ver una serie, quedar, meditar, escribir, trabajar, comer, dormir..., siempre respirando. Sabemos que duele, que es difícil, muy difícil, pero es posible. Merece la pena intentarlo.

Respirar. Pedir ayuda. No estamos solos.

El sentimiento de abandono puede doler, pero generalmente no es incapacitante, no impide seguir viviendo exactamente igual que siempre. Pero la mente del yo siente miedo por la soledad, de hecho, imagina un futuro de soledad. La mente del yo recrea una soledad eterna y se ve sola, completamente sola. Pero para estar solo hay que ser alguien. Y el hecho es que nunca podremos estar solos por el simple hecho de que no somos ninguna individualidad. Formamos parte del Todo y, aunque quisiéramos, nunca podríamos estar solos. Si acaso, podríamos «ser soledad», pero ni tan siquiera eso es posible, porque para ello tendríamos que «ser» y lo único que existe es la no-existencia —que simplemente no sabemos qué es, aunque lo exploraremos más adelante—. Pero no nos volvamos locos ahora. Cuando hay dolor, no hay lugar para tantas profundidades.

Si la mente del yo trae a la conciencia el pensamiento de la soledad y del abandono, probemos a atenderla con amor, escucharla y abrazarla, dándonos cuenta de que es tan solo otro delirio de la mente, un mal funcionamiento. Intentemos no ser duros con ella, no reprimir el sentimiento, no hacernos violencia. La mente del yo realmente se cree lo que nos muestra. Probemos a amarla sin hablar con ella. Intentemos mantenernos en silencio. No generemos diálogos sobre el abandono. Si podemos, observemos la mente sin juzgarla, sin reprimirla, pero sin alentar esos pensamientos, no les demos vida. No los matemos, pero tampoco los fomentemos.

Respirar. Pedir ayuda. No estamos solos.

Y, si podemos, veamos el funcionamiento de la mente del yo con indiferencia, sin que medie la identificación, e intentemos meditar y volver al silencio, como si no hubiera ocurrido nada.

Porque, en realidad, no ha ocurrido nada.

Lo que hemos vivido ha sido únicamente fruto de la mente del yo, un invento de la mente egoica, otro delirio de una mente que no ve la verdad. Así que retornemos, si es posible, a la paz, a la verdad, al amor, al silencio. Podemos probar a continuar con la meditación en silencio y es probable que acabemos sintiendo gratitud y amor por poder ser silencio.

Respirar. Pedir ayuda. No estamos solos.

Mientras la mente del yo siga siendo solo eso que es, siempre vamos a sentirnos insatisfechos, defraudados, perdidos, abandonados. En el mundo que llamamos «real», es decir, el de la materia, el tiempo y el espacio, la forma, la mente, las ideas y los pensamientos, en el mundo de las relaciones humanas basadas en la necesidad, el deseo, el placer, el miedo, la posesión, el uso, el abuso, la explotación, la sensualidad y la sexualidad, en ese mundo físico y mental, siempre va a perder la esencia. Este mundo no es un mundo creado sobre la esencia pura y eterna, sino un mundo basado en lo efímero, en el hedonismo, en el conflicto y, como consecuencia, siempre van a aparecer el dolor, el sufrimiento, la tristeza y el sentimiento de abandono, de traición, de engaño, de crueldad, de soledad.

En este mundo, la esencia, al menos esto parece, siempre tiene las de perder. Porque en un mundo en conflicto el amor no consigue posarse. Los vientos de guerra e ira alejan las semillas del amor, las cuales solo caen en aquellos corazones en calma, en aquellos corazones preparados para recibir el amor y para que este pueda germinar, libremente, en los corazones generosos que faciliten que el amor se propague, que se sientan bendecidos con tanto amor, en aquellos corazones alegres y felices que bailan y cantan al son de la melodía del amor.

Donde hay ego, no hay amor.

Recordamos lo dicho anteriormente: el dolor del abandono es como una tormenta de arena que oscurece todo, nos rasga por fuera y nos ahoga por dentro, pero una vez que pasa la tormenta, una vez que termina el dolor, nos quedamos solos, en calma, en paz.

Respirar. Pedir ayuda. No estamos solos.

Escuchamos: «Me doy cuenta de que hay momentos en los que la mente egoica sufre ante la idea de que no estás enamorado de mí». Eso es una vez más el abandono, el dolor repetido del estrés postraumático. Un dolor que es únicamente mental, pero que se siente en el pecho como una opresión brutal. Es el dolor del niño desvalido, asustado. Nos deja casi sin energía, nos vacía, nos entristece. Queremos huir de él y no podemos. La mente del yo está tan llena con el recuerdo que no le cabe nada más. Y ese recordar es huir de la realidad. El recuerdo es el refugio favorito de la mente del yo. El ego y el recuerdo ocupan la mente del yo.

Estoy obsesionado contigo y conmigo. Con la idea de ti y con la idea de mí.

A veces, uno conoce a alguien que hace que te conozcas mejor y cuesta recuperarse de esa persona y de lo que estás conociendo en ti. Dicho de otro modo: a veces, uno entra en *shock* después de haber conocido a alguien. Y después, el dolor del abandono es tan intenso que uno siente que debe conocerse a sí mismo para olvidar al otro.

Respirar. Pedir ayuda. No estamos solos.

Conocerte me está obligando a conocerme.

El bucle del abandono funciona así: me siento abandonado y rechazado. No me siento amado por nadie, ni tan siquiera por mí. Mi mayor deseo es que me ames.

Pero la realidad es así: solo el ego necesita ser amado. Solo el ego puede sentir el abandono, el rechazo y el aburrimiento.

Quien no te elige, se elige a sí mismo, y quien te elige también se elige a sí mismo.

Yo no necesito que me quieras, pero el ego sí.

Yo no siento ningún abandono, pero el ego sí.

Yo no siento ningún rechazo, pero el ego sí.

Yo no sufro, pero el ego sí.

Cuando alguien no nos quiere como pareja, duele, porque sentimos el abandono y el rechazo a través del yo. Pero recordemos una idea que sobrevuela en todos estos libros: en verdad, somos Uno, aunque el yo no lo vea.

El problema con los sentimientos es que el yo se estanca en ellos en lugar de fluir con ellos. Los sentimientos permiten a la materia conectar con el mundo, pero el yo se aferra a un sentimiento particular y deja de fluir.

Podría decirse que hay ciertas personas que existen para que aprendamos justo aquello que de verdad necesitamos aprender. Esos seres se constituyen en algo así como «lecciones de vida» que nos dan la oportunidad de conocer no precisamente lo accesorio, sino lo que importa. Podemos verlos como programas creados para entrenarnos en un tema y aprender sobre él —desapego, abandono...—, sin olvidarnos de respirar.

Respirar. Pedir ayuda. No estamos solos.

El ego quiere volver a sentir lo que sentía cuando estaba enamorado. Cuando echamos de menos algo o a alguien, realmente echamos de menos un sentimiento. Pero si pudiéramos sentir por nosotros mismos lo que sentimos por esa otra persona, no echaríamos de menos nunca más a nadie. Así funciona la mente egoica.

Somos adictos al sentimiento de plenitud que nos genera la idea de esa persona.

Por último, haremos unos breves apuntes sobre la empatía, que parece haberse convertido en un término muy de moda. Todo el mundo espera empatía por parte de los demás. La empatía, por definición, es la capacidad de identificarse con alguien y compartir sus sentimientos. Si nos fijamos bien, nos daremos cuenta de que identificarse con lo que sea o con quien sea es exactamente lo que hace el yo. Este es capaz de sentir *empatía* por otro ser humano, pero esa identificación con alguien y con sus sentimientos no significa que sienta *compasión* por esa persona.

El ego solo va a sentir por otra persona lo que siente por sí mismo, y el ego nunca es compasivo, no puede serlo, porque no es su naturaleza. De hecho, no es capaz de comprender que cada uno de nosotros no solo pensamos de modo distinto, sino que sentimos de forma diferente. Si en algún momento sentimos compasión profunda por alguien, enhorabuena, porque eso, nada más y nada menos, es una muestra de no-ego.

El intento de escapar de nuestras aflicciones no hace más que perpetuarlas.

Respirar. Pedir ayuda. No estamos solos.

El camino es el que es. Y mientras sigamos en el ego, seguiremos percibiéndolo como un camino complicado.

El miedo abandónico

Uno se siente afligido por ese miedo abandónico, el sentimiento de que su madre no le quiere, y se identifica entonces con ese sentir, el del niño al que su madre no quiere. Y cuanto más intenta escapar de esa sensación, de negarla, rechazarla, combatirla, ocultarla, silenciarla —«mamá no te quiere, mamá no me quiere...»—, más real se hace, convirtiéndose uno en el sentimiento, en el pensamiento, transformándose en un «mi mamá no me quiere».

Nos quedamos petrificados, encasquillados en eso, en el eterno infinito de «mi mamá no me quiere», revivimos el infierno eternamente, sin posibilidad de escapar, naciendo y muriendo a cada instante en el infierno de «mi mamá no me quiere». Nos convertimos en un «mi mamá no me quiere», uno es ese «mi mamá no me quiere», se identifica con el pensamiento y el sentimiento de «mi mamá no me quiere».

Respirar. Pedir ayuda. No estamos solos.

El pajarraco

En este momento se lucha contra ese pensamiento-sentimiento. Se ve con perspectiva, con la misma distancia y desapego con el que observa cualquier otro objeto. Ya no se identifica con ese pensamiento-sentimiento. Se observa cómo, cual pajarraco negro, revolotea a su alrededor, buscando anidar en los niveles más superficiales de la conciencia, molestando desde allí con sus graznidos estruendosos. Lo observamos y no intentamos espantarlo. Al contrario, se le invita amablemente a quedarse por ahí, si eso es lo que el pajarraco desea. Por algún motivo, el pajarraco negro ha decidido anidar en las ramas que forman la conciencia superficial. Quizá no tenga otro lugar donde hacerlo o quizá ahí encuentre el cobijo que necesita para sobrevivir. Quizá la conciencia superficial sea el árbol perfecto para que ese animal anide y se sienta perfectamente adaptado;

puede que sea su hábitat natural donde poder vivir. O quizá la conciencia superficial sea el mismo pajarraco. Así que lo observamos con curiosidad desde la conciencia de unidad y comprendemos la relación simbiótica que existe entre el pajarraco y la conciencia superficial. Vemos cómo ambos se alimentan el uno del otro, cómo uno quiere habitar allí para siempre mientras que el otro no quiere que se marche. Ambos se pertenecen, incluso son lo mismo. Y así está bien. No hay nada que lamentar. Así es como es y eso resulta ser lo único que cuenta y lo único que es verdad. Es posible que, en algún momento, eso cambie, y entonces también estará bien, porque será lo que es.

Respirar. Pedir ayuda. No estamos solos.

Uno observa cómo el pajarraco anida, cómo grazna e intenta mirarlo con amor, con compasión incluso, porque ese pajarraco no es uno al nivel superficial de la conciencia, pero, sin embargo, uno es él en el nivel más profundo de la conciencia de unidad, en el nivel donde uno es consciente de la energía única vibratoria. Así que lo observa, o al menos lo intenta, con detenimiento, con amor incluso, y permite que haga lo que ha venido a hacer. Y, mientras tanto, uno sigue en paz —aunque no se dé cuenta— en la profunda paz que hay en la profundidad de la conciencia. En la paz de quien vive en el presente eterno, aunque no lo sepa.

Respirar. Pedir ayuda. No estamos solos.

A continuación, algunas preguntas sin respuesta y varias reflexiones, seguramente sin sentido.

Si somos fundamentalmente emociones en un cuerpo físico, ¿qué éramos antes de tener cuerpo? ¿Teníamos emociones? ¿Las tendremos en nuestro siguiente nivel de existencia? ¿Acaso hay otros niveles de existencia? ¿Qué emociones teníamos y cuáles tendremos? ¿Todas, solo las placenteras, solo las creativas, solo las relacionadas con el amor y la compasión? ¿Existirá el miedo en nuestro próximo nivel de existencia? ¿Qué relación hay entre emociones y nivel vibracional?

Al igual que en el dicho «lo que Pedro dice de Juan tiene más que ver con Pedro que con Juan», lo que uno siente sobre otra persona tiene más que ver con uno que con la otra persona. En la observación de nosotros mismos, con amor y sin juzgarse, podemos descubrir por qué sentimos lo que sentimos.

No se sale de una relación tóxica hasta que previamente no se la ha vomitado. La respuesta del organismo ante el envenenamiento suele ser el impulso de expulsar fuera el veneno. Eso también sirve para los pensamientos y los sentimientos que sentimos que nos intoxican.

Sabemos que estamos saliendo de una relación tóxica cuando el más mínimo recuerdo de esa experiencia nos produce arcadas. Eso no implica necesariamente que la otra persona fuera mala. Significa que a uno, en ese momento preciso de la existencia y de conciencia, esa relación no nos hacía bien.

Uno ha sanado completamente cuando el recuerdo de quien le hizo daño no le genera ninguna sensación.

El yo prefiere emborracharse que estar sobrio. Estando sobrio, se daría cuenta de su no existencia, así que mejor emborracharse de sentimiento, alimentar la fantasía y evitar la realidad de su no existencia.

El concepto dolorido de ex es producido por la mente limitante y cortoplacista del ego, que ha olvidado la profundidad y la totalidad de la maravillosa experiencia que fue en algún momento la relación sincera y amorosa entre dos conciencias. ¡Con la mala prensa que tienen los ex! También es posible que aquello nunca fuera amor.

Es la falta de amor lo que duele. Sobre todo, la falta de amor propio.

Es el amor que sentía por el otro lo que uno echa de menos, no al otro. La realidad es que, al vivir desde la conciencia del yo, lo que echamos de menos es la falta de amor propio, sentir ser amados.

Conciencia de amor. Ese es nuestro don, y se encuentra únicamente en el estado de no-yo.

El ego echa de menos cómo se sentía cuando sentía aquello que identificaba como amor. El ego no ama, así que se alimenta del amor ajeno.

El recuerdo del amor es lo que duele. El recuerdo de aquello que el ego identificaba como amor nos hace más conscientes del vacío, del vacío del ego.

El ego quiere volver a sentir lo que sentía cuando estaba enamorado.

Echamos de menos un sentimiento. El ego prefiere recordar aquello que identifica como un amor perdido que reconocer su inexistencia.

Si uno pudiera sentir por sí mismo lo que sentía por el otro, no echaría de menos nunca más a nadie. De ahí la importancia del amor propio y de reconocer el funcionamiento de la mente egoica.

Uno es adicto al sentimiento de plenitud que le genera la idea del otro. Más adelante hablaremos sobre el vacío y su relación con el amor propio.

Proyectar. Ya vimos en la egosfera cómo la mente del yo proyecta lo que es en todo aquello que percibe.

La mente, en ocasiones, cree que si no te eligen es porque te has portado mal y mereces ser castigado y no debes ser feliz. Esto es consecuencia del maltrato sufrido durante la infancia, es una reacción aprendida por la mente en aquella época, una interferencia del pasado.

La mente del yo equipara el rechazo con un sentimiento de culpabilidad. En nuestra infancia, e incluso en la actualidad, los egos utilizan la culpa como arma para controlar a los demás.

El rechazo nos hace sentir culpables, malos, merecedores de un castigo. Es la retraumatización del maltrato.

¿Realmente pertenecemos ahí? Si nos sentimos mal, quizá sea porque estamos en un lugar donde no nos están tratando con amor.

Observar. Respirar. Pedir ayuda. No estamos solos.

El sentimiento de pertenecer es liberador cuando de verdad pertenecemos, pero esclavizador cuando es mentira.

El deseo de pertenecer nos lleva a creer que pertenecemos a lugares donde no solo no pertenecemos, sino que además van a explotarnos arrastrados por el deseo. Observar detenidamente el funcionamiento del apego, porque este nos lleva a situaciones y a relaciones donde no hay amor, donde únicamente hay deseo y explotación.

Pensar que fue culpa suya es la respuesta del ego ante el hecho de que no salió como esperábamos, independientemente de que la otra persona tuviera o no responsabilidad en que los hechos se produjeran de la manera que lo hicieron. El ego adjudica culpas a los demás como modo de defensa y de reforzamiento de sí mismo. También se adjudica culpas a sí mismo. El ego es profundamente manipulador.

Cuando el yo está mal, habla de «salir de ahí»; se dice a sí mismo: «De esta se sale». Cuando ese mismo yo está bien, no habla de salir de ahí y no se dice a sí mismo «de esta se sale».

En ambos casos, el yo se está reforzando a sí mismo. En ambos casos, la experiencia de malestar o de bienestar tiene su origen en el yo.

Malestar y bienestar son, en este caso, sensaciones únicamente del yo.

La conciencia comprende la totalidad, incluidas, pero no solo, las sensaciones del yo.

La mente del yo no es objetiva, elabora en función de la carga emocional. Nuestro estado anímico nos genera una visión diferente ante el mismo hecho.

Observar. Respirar. Pedir ayuda. No estamos solos.

La mente egoica contagia su malestar, su miedo y su negatividad a las otras mentes egoicas. Ego hace ego.

La mente egoica está tan extendida y es tan común que el ser humano sensible se encuentra a menudo en la necesidad de huir de tanta toxicidad, de alejarse y recluirse en solitud. Es frecuente sentirse agobiado cuando la mente comienza a observar la actividad del ego en sí misma y en las otras mentes.

Respirar. Pedir ayuda. No estamos solos.

Si alguien nos hace sentir especiales es porque ya éramos especiales, aunque nunca lo hubiéramos sentido. Es el ego el que nos condiciona para creer que necesitamos siempre algo que no tenemos. Pero la realidad es que vinimos al mundo *full equipe*, no nos falta nada. Todo lo que necesitamos está ya en uno, ya es.

Estar enamorado es una proyección fantasiosa del ego en otra persona. El enamoramiento es una ilusión del ego, mientras que el amor es la realidad del no-ego. Hablaremos sobre el amor más adelante.

Solo una mente invadida por el ego puede desearle el mal a otra persona. Desde el no-ego los únicos sentimientos son los de amor y compasión.

La intimidad y cómo relacionarse en la intimidad se aprende durante la infancia, en casa, con la familia. Esa lección, bien o mal aprendida, afectará a todas las relaciones futuras durante el resto de la vida. Observar cómo nos comportamos en la intimidad nos dará respuestas sobre cómo fue la infancia.

Alexitimia: «dificultad de identificar y describir emociones». Desde la observación y el reconocimiento de las propias emociones, uno puede enfrentarlas e ir quitándose capas de miedos y de dolor.

Respirar. Pedir ayuda. No estamos solos.

El otro es espejo de nuestra mente del yo. Los sentimientos que nos genera nos devuelven una imagen reflejada de la actividad de la mente del yo. Los actos del otro no reflejan nuestra imagen, pero sí el pensamiento de la mente del yo.

Si te enamoras del David de Miguel Ángel no esperes reciprocidad. El mármol puede ser bellísimo, pero no ama.

Y..., a pesar de todo..., estamos abiertos al compromiso, disponibles emocionalmente.

El camino es el que es.

12. El ego y las heridas

Lo que no es asumido, no es curado.

GREGORIO NACIANCENO, arzobispo
cristiano de Constantinopla, s. iv)

Cambiamos ahora el ángulo de visión para intentar entender, explicarnos las heridas del ego. ¿Por qué no amalgamarlo con el capítulo anterior, donde prevalecen los desafectos, las rupturas, el desamor, la soledad, el abandono? Porque no es lo mismo. Las páginas anteriores se centraron en los sentimientos, y podemos decir que todas las heridas (emocionales) son sentimientos —más allá de que puedan conllevar heridas físicas, y viceversa—, pero no todos los sentimientos son heridas, aunque en las páginas anteriores hayamos eludido, en general, lo más obvio, los sentimientos de goce, de amor pleno, de plenitud vital... —estén más o menos fundamentados, sean más o menos «reales»—.

La naturaleza del yo le hace susceptible a ser herido. El yo es muy vulnerable, inseguro, temeroso, por eso se protege tanto a sí mismo, para evitar las heridas. Esto es aplicable tanto a aquellos que son muy miedosos como a aquellos que son muy osados.

Las heridas del alma también pueden infectarse.

Una infancia adversa

La infancia desempeña un papel fundamental en la conciencia del yo. Desde la psicología se abordan algunas de estas heridas, aunque no se haga referencia explícita a la existencia de la conciencia del yo tal y como es entendida desde estas páginas. Hay multitud de trabajos y de experiencia clínica sobre una infancia adversa que resultan muy reveladores. Si es nuestro caso, sería bueno acudir a un buen terapeuta especializado en infancias adversas o maltrato infantil. Eso aparte, las publicaciones y conferencias de la pediatra Nadine Burke son, sin duda, una buena referencia para afianzar conocimientos sobre el trauma infantil.

Estos libros no pretenden sustituir en ningún caso la necesaria terapia que uno pueda necesitar. Su objetivo es aportar algo de luz al hecho de la existencia del yo y su repercusión en la humanidad. El yo es la mayor fuente de sufrimiento de la humanidad y su efecto más devastador ocurre cuando las víctimas de su locura son los infantes. Estos no tienen herramientas ni capacidad para defenderse de sus ataques y, por lo general, son destruidos en su inocencia sin piedad. Aquellos que sobreviven, pierden la paz y se desconectan del amor y de la totalidad, arrastrando heridas que perduran toda la vida.

Las líneas que siguen van dedicadas a todas las víctimas infantiles del yo y, aunque sean muy breves, no por ello son menos sentidas. Vaya desde aquí un abrazo sincero y toda la compasión y misericordia del camino. ¡Que Dios nos bendiga!

Entrando ya en materia, cabe señalar que el maltrato infantil genera en las víctimas muchas emociones negativas —culpa, rabia, ira, agresión, miedo, desesperanza— que nos acompañarán el resto de la vida. Como ya vimos en el capítulo anterior, esas emociones se nos apoderan, invaden completamente, infectan y nos convierten en esas emociones. Esas emociones llamadas negativas impiden que afloren las llamadas positivas, porque son antagónicas, de valencia opuesta. Si sentimos rabia, no podemos sentir paz a la vez. Además, el maltrato infantil nos hace percibir el mundo como un lugar inseguro y a nosotros como un incapaz. Destruyen la autoestima. Si en lugar de afrontar el trauma directamente, enfrentándonos a él y finalmente aceptando nuestra vulnerabilidad, decidimos evitarlo o negarlo, este nos perseguirá de por vida, suponiendo una amenaza para la vida y la salud mental.

Respirar. Pedir ayuda. No estamos solos.

Después de observarme a mí mismo durante mucho tiempo, puedo llegar a la siguiente revelación, dando un paso de gigante en la recuperación: «Soy capaz: tengo control sobre mi vida». Puedo llegar a este convencimiento enfrentándome a las sombras, mirando sin juzgar dentro de mí mismo. No es un proceso fácil ni corto, pero es parte del camino.

Reacción o respuesta; sin el conocimiento de uno mismo, estaré, de por vida, a merced de los condicionamientos aprendidos, de los traumas no resueltos, de los miedos inconscientes. En esos casos, reaccionaré ante una situación o un pensamiento en lugar de responder desde la comprensión de la totalidad.

El control percibido es el grado en el que uno cree que puede controlar lo que ocurre en la vida. Los niños maltratados se vuelven muy controladores de mayores, porque eso les da sensación de seguridad. No soportan la incertidumbre. El no saber los mata. Necesitan respuestas tipo sí o no, blanco o negro. No soportan la ansiedad, les vuelve locos.

En psicología se llama inhibición conductual (IC, en adelante), que es una tendencia a reaccionar con ansiedad ante lo desconocido, la incertidumbre y el cambio. Los niños con IC se asustan más fácilmente ante acontecimientos y cambios y buscan más al cuidador. Observemos si algo de esto resuena en nosotros. Si es así, conviene seguir leyendo.

Imaginémonos, tener IC y unos padres ausentes, distantes, traumatizados, con múltiples trastornos, con un estilo educativo basado en el castigo excesivo y en la disciplina. ¿Cómo será ese niño de adulto? ¿Cómo somos ahora que ya somos adultos? Las respuestas están dentro de cada uno. Observad.

Mientras tanto: respirar, pedir ayuda. No estamos solos.

Conocer y comprender el suceso o los sucesos que dieron origen a la desconfianza, al dolor y a la culpa nos facilitará poder afrontar el malestar generado por la disonancia cognitiva, por el hecho, precisamente, de no conocer, de no comprender.

Por eso es bueno llegar, mediante la observación, al origen del sufrimiento, a la fuente de la infección, al manantial de aguas putrefactas que envenena los campos fértiles impidiendo que crezcan el afecto, la ternura, la comprensión, la empatía, la compasión y el amor. Conviene llegar hasta allí, verlo con los ojos de ayer, comprenderlo con la conciencia de hoy y abrazarse y compadecerse como nadie nunca se compadeció por uno y como nadie nunca jamás lo hará. Solamente puede hacerlo uno mismo, por sí mismo, ahora mismo y cada vez que uno lo necesite. Pero recordemos que no estamos solos, que podemos pedir ayuda.

A continuación, algunas experiencias personales quizá aporten algo de luz en este sentido. Su intención es ilustrar que no estamos solos tampoco en el sufrimiento.

El camino es un camino que se recorre en solitario, pero en el que nunca estamos solos.

Se me encogió el corazón

Se me encogió el corazón cuando de niño vi de lo que es capaz el ser humano. Cuando vi su violencia, cuando vi la brutalidad, el salvajismo, la locura, la bestialidad de sus actos. Aquello acabó con mi sueño de inocencia y plantó en mi corazón una semilla de dolor que con los años no ha parado de crecer. He intentado olvidar lo que vi y lo he olvidado. O eso pensaba. Pero, al igual que el hombre invisible deja huellas cuando camina sobre la nieve, el inconsciente deja huellas imborrables sobre la capa de nieve que es la conciencia.

El horror vivido borró de un plumazo la felicidad de mi vida. El daño invisible, pero igualmente profundo, me ha acompañado siempre. Me doy cuenta del miedo que pasé. Estuve años haciéndome pis en la cama por las noches. Aquello me pilló siendo aún un ángel recién llegado a la Tierra, como lo son todos los bebés cuando nacen. Yo no era especial, ni más ni menos. Era un bebé más, como cualquier otro. Aquello me hizo olvidar mi esencia. Aquello me destrozó la vida. Recuerdo el miedo, la impotencia, el gimoteo, las lágrimas cayendo por la mejilla, el horror. Recuerdo no poder respirar, los ataques de asma —que realmente eran ataques de pánico—, ahogarme de la angustia. Mi cabeza nunca pudo asimilar, aceptar ni entender lo que vio. No pude hacer nada, no pude intervenir, no pude. Solo pude disociarme, olvidar, solo pude querer olvidar. Pero el horror me acompaña y, aunque apenas recuerdo lo vivido, aún me atormenta, me mortifica y me produce una enorme tristeza. La inocencia quedó ahogada entre tanta incomprensión y violencia. Si este es también tu caso, recuerda: respira, pide ayuda. No estamos solos.

El problema de una infancia adversa no es únicamente el daño perenne causado a la esencia, es también la creación de un yo herido en el infante que le acompañará durante la etapa adulta.

Tirar del hilo: el ego herido en la etapa adulta

A continuación, verteremos algunas reflexiones más sobre el ego herido. «Tirar del hilo» es un ejercicio que ya explicaremos más adelante.

Nos relacionamos desde los egos heridos.

Uno se relaciona con el mundo desde el ego herido.

Uno se relaciona constantemente desde el ego herido.

El yo herido nos impide ver lo que es.

El yo herido está siempre presente, buscando señales de amenazas externas e internas.

El yo herido quiere descansar, estar en paz, pero se excita ante cualquier estímulo.

El yo herido está permanentemente en guardia, a la defensiva.

El yo herido se siente permanentemente amenazado.

El yo herido se relaciona siempre con lo que le rodea desde un estado de alerta, un estado defensivo.

Ese estado de constante alerta le impide a la mente del yo ser feliz, disfrutar de lo que es tal y como es.

La mente del yo recibe las sensaciones que le llegan por los cinco sentidos, las identifica, las compara con lo que tiene almacenado en la memoria, pasa por el filtro de ser más o menos amenazante, más o menos agradable, más o menos importante, y actúa entonces de forma mecánica.

De esa forma, es la mente del yo la que se relaciona con el mundo. Y lo hace desde el yo herido.

Uno no se relaciona con el mundo como es, se relaciona desde el yo herido, desde la mente del yo, de forma condicionada, no de forma neutral.

La mente del yo considera que lo más importante es protegerse.

La idea de evolucionar es tan solo una idea del yo de querer perpetuarse, de dejar este cuerpo y esta vida física para perpetuarse para —de otra manera, quizá— continuar existiendo.

La mente del yo no quiere transformarse en, por ejemplo, una fuerza angélica divina anónima y desidentificada, sino que quiere convertirse en ángel manteniendo su identidad.

La mente del yo se identifica sobre todo consigo misma y es incapaz de identificarse con ninguna otra cosa.

La mente del yo no quiere fundirse con una fuerza sobrenatural ni con el universo.

La mente del yo quiere reforzarse con esa fuerza sobrenatural y colonizar el universo.

La mente del yo no quiere dejar este mundo, ni dejar nada de lo que cree que tiene en este mundo, ni dejar de ser lo que cree que es.

La mente del yo solo quiere sobrevivir, cueste lo que cueste, y como no acepta que la muerte sea el final, empieza a crear conceptos sobrenaturales sobre la vida después de la muerte.

La mente del yo quiere existir, pero no quiere vivir.

La mente del yo quiere existir en el mundo de las ideas y de los pensamientos, de los deseos y de los anhelos, pero le estorba el mundo real.

Para la mente del yo, el mundo real es un verdadero engorro.

La mente del yo sería feliz ahí en su mundo de fantasía, controlándolo todo, protegida de todo, a salvo de todo.

La mente egoica quiere existir, pero no quiere tener que relacionarse con el mundo real, y por eso lo evita todo lo que puede.

Para la mente del yo, este mundo es un fastidio, un mal necesario, un infierno del que escapar cuanto antes.

La mente del yo no quiere vivir la vida, pero no sabe cómo seguir existiendo sin estar conectada al cuerpo.

A la mente del yo le sobra el cuerpo y la mayor parte de las personas y de las cosas que hay en la vida real.

La mente del yo no es feliz en esta vida y se inventa fórmulas y crea supuestos refugios donde poder huir de este mundo que percibe como horrible y cruel.

La mente egoica es infeliz en este mundo, está triste, asustada y tremendamente preocupada.

La mente del yo teme que le pueda pasar algo malo que acabe con ella.

La mente del yo, en el fondo, se considera a sí misma más importante que el resto del mundo, más importante que el propio universo e incluso que el mismo Dios.

El ego de la mente es tan grande como su idea del infinito.

La mente del yo se considera a sí misma el infinito y quiere conquistarlo, aunque aún no sepa cómo hacerlo.

La mente del yo cree en Dios porque es una forma de verse a sí misma con esa forma infinita.

La mente del yo no quiere vivir y tampoco quiere morir.

La mente del yo se siente atrapada en esta vida y no sabe cómo escapar.

Cuando piensa en mejorar, lo que realmente desea es mejorar el pensamiento para seguir fortaleciendo el ego.

Cuando piensa en evolucionar, lo que realmente desea es seguir fortaleciendo el ego.

Todo lo que la mente del yo hace, piensa y dice tiene como único propósito fortalecer el ego.

En una mente tomada completamente por el ego:

- El ego es el motor de la vida.
- Nada sin el ego.

- Nada contra el ego.
- El ego domina, controla y decide qué es bueno y que es malo para uno.

Cuando uno dice que la autoestima es hacer lo que es bueno para uno a largo plazo, ese uno, ¿quién es? ¿Es el ego? ¿La autoestima es entonces hacer lo que es bueno para el ego a largo plazo? Cuidado con perdernos en las palabras y en las trampas del ego.

Relaciones heridas

Para finalizar este capítulo, algunas reflexiones sobre el yo herido y las relaciones.

El yo necesita expandirse, ya sea mediante la dominación del otro o mediante su disolución en el otro. Al yo no le vale su propia limitación, el yo tiene necesidad de perpetuarse y de hacerse cada vez más grande, más importante, infinito, eterno.

Las obligaciones y las limitaciones impuestas por el propio yo le generan frustración y angustia. El yo es víctima de su propia invención, es víctima de sí mismo, es su propia trampa.

Cuando te preguntes por qué te trato así, recuérdalo, soy tu espejo, aunque no soy tú. Si observamos la respuesta de los demás, podremos ver mucho de su yo. Te devuelvo lo que me das, reflejo lo que proyectas.

No todas las autolesiones son físicas. Buena parte del daño infligido ocurre en la esfera del yo, a nivel psicológico, de origen mental.

El trauma intrafamiliar supone que uno siempre lleva consigo mismo el sentimiento de inadecuación. Esté donde esté y con quien esté, uno siempre siente que no es adecuado, siempre se siente un extraño.

Ya no se encaja en relaciones donde no haya una verdadera igualdad. Una vez alcanzado un estado de conciencia de la existencia del yo, es decir, una vez que nos hemos dado cuenta de que el yo controla la mayor parte de los procesos mentales, resulta antinatural permanecer en lugares donde no hay amor.

Algunos matan con su indiferencia. O, al menos, así lo percibe el yo. Desde el no-yo no existe tal cosa como la indiferencia en el sentido en el que la percibe el yo. Desde el no-yo solo hay verdadera indiferencia en el sentido de indivisibilidad, de unión. Pero cuando la mente empieza a ser consciente de la existencia del yo, empieza también a responder de forma saludable, ya sea alejándose o haciéndole frente a la falta de amor de los otros.

En realidad, no superamos al otro, nos superamos a nosotros mismos, superando aquellos aspectos de la mente del yo que nos ataban al otro.

Nos juntamos con aquellos que están tan dañados como nosotros. Eso nos da una idea de cómo estamos.

El ego no puede amar porque se siente agraviado.

El camino es el que es, y en estos momentos está atravesando por tramos de la infancia, por los que es necesario volver a pasar, aunque resulten tremendamente dolorosos, para así poder comprender mejor.

Respirar. Pedir ayuda. No estamos solos.

13. Ego y perder

El primer y último objetivo de la mente es no perder.

Es posible que las primeras páginas de este capítulo no parezcan, a primera vista, relacionadas con el título. Intentaré explicarme brevemente. Si queremos hablar del perder, entiendo que vale la pena decir antes desde qué anclaje reflexionamos. Si perdí algo, cabe suponer que era mío. Pero ¿qué es mío? En parecido sentido, hay que decir que he perdido alguna cosa conlleva la convicción de que antes me pertenecía. No hablamos, claro, de propiedades inmobiliarias, sino de seres. Y del ser. Por eso, comenzamos con una reflexión sobre la existencia y sobre la pertenencia.

Luz de estrellas

Nada de lo que me ha ocurrido es mío, ni siquiera mis recuerdos son míos. Lo único que lo es de verdad es este instante, y dura tan poco que cuando me quiero dar cuenta de que es mío, ya no lo es. Así que nunca puedo llegar a sentir nada como verdaderamente mío. Y si lo hago, estoy engañándome. Ni siquiera yo mismo soy mío.

Solo soy vida o, mejor dicho, solo soy conciencia de la vida, ya que ni tan siquiera vivo, o al menos no vivo al margen de todo lo demás. Soy conciencia limitada de la vida, vida que vive formando parte de un todo, pero con la capacidad limitada de percibir solo una parte infinitesimal de toda la vida. Y, sin embargo, soy tan vida como lo es todo el resto de ella. Siendo vida, no poseo nada más que la vida, la cual en verdad ni tan siquiera la poseo, ni ella me posee a mí. Porque la vida no es posesión, es un estado. Vivir es vivir, no estar vivo.

Solo hay vida en el presente. El pasado está muerto, fue vida y ahora ya no lo es. El futuro no existe, es una idea y, por tanto, ni es vida ni va a serlo jamás. Solo hay vida ahora, y cuando te quieres dar cuenta de ella, ya no está, ya ha muerto. La vida de hace tan solo un segundo ya no está. Por eso no puede existir ninguna posesión. Solo existe la vida y solo dura un instante. Nadie puede retener ese instante, por eso nadie tiene vida, solo la vida es vivida por ella misma.

Cada uno de nosotros somos manifestaciones infinitesimales de la vida. Quizá por eso no deberíamos percibirnos como entidades independientes ni como seres vivos, ni tan siquiera como «algo», ni mucho menos como «alguien». Nuestra existencia es tan efímera que solo podemos percibirnos como pompas de jabón que, según se están formando y creciendo, reflejan todos los colores de la luz brillando en ellas, dando la sensación engañosa de que tienen cuerpo o forma hasta que, alcanzado el máximo tamaño, explotan en millones de partículas que en una milésima de nanosegundo se dispersan por el infinito para no ser nunca más aquella pompa de jabón y para volver a juntarse, cada una de ellas, a otras cosas hasta formar parte de algo diferente. Transformación continua. Nada se pierde ni se destruye.

Somos vida. De hecho, ni tan siquiera somos vida. Solo la vida es. Nosotros somos la memoria de lo que ha sido y ya no es. Somos muertos recordando lo que fue. Eso es lo único que verdaderamente somos: epitafios y esquelas escritas en la muerte de otros muertos como nosotros.

El presente es lo único que existe, aunque no seamos capaces de verlo. Nos arrolla como un tren a toda velocidad, como un relámpago, cuyo resplandor es tan efímero que no somos capaces de fijar nuestra mirada en él. Cuando queremos verlo, ya ha pasado, construyendo lo que creemos que estamos viendo sobre lo que ya no existe. Engañados por nuestra memoria. Instalados en ella. Somos zombis con recuerdos que sentimos como vida. Somos el trueno que se escucha tiempo después del rayo. Tarde.

La vida es otra cosa, es lo que transcurre mientras soñamos que estamos vivos. Es lo que se nos escapa porque no puede ser atrapado. Es aquello que, cuando te paras a pensarlo, deja de ser. La vida no puede ser más que saboreada, y para cuando la estás sintiendo ya solo estás sintiendo el recuerdo de lo que piensas que fue. Acabas de volver a engañarte a ti mismo. Eres un muerto y, además, un mentiroso. Un muerto lunático, un loco muerto.

La vida es y nosotros solo somos muertos con recuerdos, somos como la luz de estrellas lejanas que, cuando llega a nosotros, ya no existen. Solo vemos la luz de esas estrellas que ya se extinguieron hace millones de años, incapaces de ver la vida que tenemos delante de nuestros ojos.

El camino es un camino de vida, pero va mucho más allá y mucho más acá de la idea de vida que tiene la mente del yo.

Perder y pertenecer

Lo anterior nos lleva a algunas reflexiones.

Nada nos pertenece, ni siquiera la vida misma. Sencillamente, porque no somos nada al margen de nada. Somos conciencia limitada, pero conciencia, al fin y al cabo.

El sentimiento de pertenencia tiene su origen en el yo. Igual que el de posesión y el de pérdida. Pertenecemos a lo incomprensible, pero no como una posesión en el sentido más material ni como algo inferior, sino como parte indisoluble de lo incomprensible. Somos también conciencia de lo incomprensible, pero el ego nos impide verlo.

Por no perder, no queremos perder ni la soledad. El ego necesita acumular —igual que las ardillas amontonan nueces— y no quiere perder nunca nada. Es su naturaleza acumulativa. Siempre que se pierde, también se gana. De hecho, es más relevante perder que ganar para que la conciencia pueda ser conciencia del no-yo.

La mente del yo enfoca toda su atención en aquello que ha perdido, obviando todo lo que ha ganado. Y ese balance contable genera dolor. Y la idea de perder le genera ansiedad.

Perdemos aire por el hueco abierto del recuerdo. Realmente, perdemos conciencia del camino y nos desinflamos. Los recuerdos del pasado van vaciándonos. Y aunque esto, desde la conciencia del no-yo, es como debería ser, es vivido desde la conciencia del yo como una tragedia.

Perdí, sí, te perdí. Y al perderte, me gané. Muchas veces uno se pierde intentando encajar, ser amado, admirado o correspondido.

A veces, ganar es perder y perder es ganar. Depende del lugar desde el cual nos situemos, desde el actual estado de conciencia.

Soy un perdedor: ¡bendita sea mi suerte! Aunque el yo no lo crea, en la pérdida existe más virtud que en la ganancia. Perder es liberador. La mente del yo se aferra por el apego a lo que conoce, a lo que desea, encerrándose a sí misma en una prisión de deseos, de miedos y de inseguridades.

La humanidad se pierde en el yo. Y es que el yo es el enemigo de la humanidad. Y cuando sientas que lo has perdido todo, recuerda que aún te tienes. Y que somos conciencia del Todo, sin poseer.

Respirar. Pedir ayuda. No estamos solos.

Ganar o perder, disfrutar o sufrir, son los motores de la mente egoica. Y la base sobre la que la mente egoica ha construido la sociedad actual. ¿Cambiamos la sociedad cambiando cada uno de nosotros?

14. Ego y miedo

Uno se asoma a la vastedad del infinito como el niño
que, desde la seguridad de sus sábanas, echa una rápida
mirada debajo de la cama... con miedo y curiosidad.

El miedo es otra actividad del ego, o podría decirse que el miedo es la actividad principal del ego, incluso que el miedo es el ego y el ego es el miedo, tan unidos van el uno con el otro. Como en otras ocasiones, presentamos una imagen hiperbólica para representar una idea que creemos que tiene trazas de veracidad.

Delirios varios

Comenzamos con una reflexión sobre la mente del yo y el miedo para decir que la mente egoica sigue elaborando, construyendo esferas ficticias de realidad, creando mundos imaginarios en los que uno es el protagonista y ella, la destinataria de su «amor», es su razón de existir.

Los cantos de sirena suenan tan fuerte que no podemos evitar oírlos. Las imágenes son tan vívidas que no podemos evitar verlas.

Me digo que todo es una fantasía, pero parece tan real que resulta imposible escapar de ella. Para la mente del yo eres auténticamente real, perfectamente perfecta, maravillosamente maravillosa. Y ya no sé si puedo o no quiero despertar a la realidad. Ver como realmente eres le recuerda a uno la soledad, el abandono, el vacío. Y hay muchas veces en las que no queremos sentirnos solos, abandonados ni vacíos. Otras veces no le importa, e incluso lo busca. Pero últimamente uno no quiere sentirse tan solo. No quiere soltarse de la imagen que ha creado en la mente y volver a caer dentro del vacío.

Uno se aferra a su imagen como el que se aferra a un clavo ardiendo o a la imagen de un santo.

Es la mente del yo quien se aferra.

Es la mente del yo quien no suelta.

Es la mente del yo quien sufre.

Es la mente del yo quien crea estas esferas de supuesta existencia.

Es la mente del yo, y lo sabemos, sabemos que uno mismo es un producto de la mente.

Nos aterra la idea de pinchar la burbuja y de que todo salte en mil pedazos, incluido uno mismo. ¿Qué habrá al otro lado de la burbuja? Nos da miedo pensarlo. Nos sentimos protegidos dentro de la burbuja, de esta burbuja ficticia creada por la mente del yo. Nos atemoriza que explote y quedar expuestos, vulnerables. Así que preferimos estar quietos dentro de la burbuja y no pensar qué peligros habrá fuera. Pero hemos de reconocer que esta seguridad tiene un precio: la angustia de no poder moverse libremente.

Porque esta burbuja es refugio y es cárcel.

Uno cede la libertad a cambio de una supuesta seguridad. Cede la libertad por seguridad. Elige seguridad ante la libertad.

El miedo aprisiona. Y no hay forma de resolver esta situación.

El miedo puede más que la consciencia. Uno comprende lo que se dice, pero no puede hacer nada.

El miedo paraliza. Por eso no se va nunca más allá de los límites seguros de la burbuja, por eso no se pone un pie fuera de los límites seguros de la mente.

Somos prisioneros de la propia mente.

Es uno mismo el que se pone los límites a propósito. El que se impide ser feliz, lanzarse. El que no se atreve, el que se mete el miedo a sí mismo. No existe el miedo más que en la mente egoica. Y, a pesar de ello, el miedo condiciona cada decisión, cada acto y cada pensamiento que uno toma en la vida.

El comportamiento individual revela todo aquello de lo que uno se está defendiendo. Somos los actos que tomamos para protegernos de todo aquello que nos asusta. Vivimos siempre a la defensiva. Percibimos el mundo como un lugar hostil, y no puede ser nunca de otra manera mientras sigamos viviendo desde la conciencia del yo.

El camino es el que es, y no el que nos gustaría que fuera o hubiese sido.

Liberarse del miedo

El camino cobra sentido y obtiene su pleno significado cuando uno trasciende el yo y siente su propia esencia o, al menos, cuando uno empieza a tomar conciencia de la existencia del yo y de cómo afecta al resto de nuestras capacidades cognitivas. En ese momento somos algo más libres y, en ocasiones, nos convertimos en faro para los que navegan contra las rocas, un puerto donde refugiarse los que buscan seguridad, un océano de paz donde vivir, sumergirse, navegar y simplemente ser; es decir, ser para sí mismo.

Y la única certeza que uno tiene es la que nace de reconocer que solo existe lo que es, que no hay futuro ni esperanza ni mochilas ni cargas. Que la única verdad es la de este instante.

Probemos a caminar este instante con atención plena y seremos eternos.

La mente del yo se construye alrededor del miedo. La necesidad genera el miedo y el miedo genera la necesidad. El miedo es el núcleo de la mente del yo.

Los desvaríos de la mente del yo giran alrededor de los diferentes miedos que ella misma ha creado. La mente egoica siente temor y comienza a elaborar formas para responder ante ese temor.

La espiritualidad, o es sin miedo o no es espiritualidad. Si hay miedo, no hay espiritualidad posible.

A uno le da pánico dejarlo todo y seguirte. Le da miedo trascender el yo, abandonar lo conocido y lanzarse a lo desconocido. A uno le aterroriza la idea de no tener nada. Ya vimos la relación de la mente egoica con la idea de perder.

El temor existe en el ego. Sin ego, no hay temor. El temor es el ego y el ego es el temor.

La sociedad actual, que es la suma de todos los egos que la conforman, utiliza el miedo para lograr sus objetivos, llegando hasta el punto de que, en ocasiones, los medios de masas se basan más en el impacto emocional que en la utilidad informativa. Ego manipulando ego.

Perdamos el miedo al otro porque el otro es uno.

El miedo hace que la mente del yo se enfrente a él a través de diferentes estrategias que ya han sido ampliamente explicadas desde la psicología: *freeze, flight, fight,* a las que se suele unir *fawn,* las 4 efes, por sus definiciones en inglés, que podemos traducir, y se me disculpe si hay versiones mejores, por «congelación», «huida», «lucha» y «fusión», que se emplean para explicar las respuestas al trauma por abuso de cualquier índole, sobre todo en la infancia, pero que creo que pueden ser extrapolables, en buena medida, a la respuesta del yo al miedo.

Cuando la mente elige «huir», muchas veces esa huida tiene lugar a nivel mental. La mente del yo busca aquello que alimenta su fantasía, ya sean lugares, personas o situaciones.

La mente del yo se desconecta de la realidad siempre que tiene la oportunidad. Lleva a cabo lo que se define como disociación.

La mente del yo existe en el plano de las ideas y solo conecta con el plano de la realidad cuando esta última es incuestionable.

La tensión generada por el ego dificulta el normal desenvolvimiento de la vida.

¿Valer sin valor, de qué vale?

Lo que hemos ganado en seguridad, lo hemos perdido en humanidad.

El camino es el que es, y durante mucho tiempo va a transitar por tramos de verdadero terror.

Respirar. Pedir ayuda. No estamos solos.

15. Ego y creación

Conviene aclarar que no nos referimos en este breve capítulo tanto a la creación en el sentido del acto creativo, de la actividad artística, sino más bien a la escasa capacidad del ego para generar novedades, aunque sea capaz de fantasear, que no es lo mismo. El ego no es original, es un mero repetidor de todo aquello que ha percibido, es un copión. Las hipótesis que genera no tienen nada de novedoso, son meras estimaciones basadas en lo ya experimentado, son proyecciones hacia el futuro construidas sobre lo que ya conoce. El ego es incapaz de crear nada que no conozca previamente.

Es infinitamente más fácil repetir que crear.

La creación artística, cuando es real, no está contaminada por el ego.

Incluso el ego se aburre de sí mismo, se repite. Por el contrario, solo en lo nuevo, solo en la espontaneidad está el auténtico camino.

La misión de la esencia en esta vida —en caso de tener alguna misión— sería la de ser lo que es. Pero la capacidad de recordar se la ha atribuido el ego para sí mismo, impidiendo que aflore la conciencia del no-yo, impidiendo que la esencia pueda ser lo que es libremente.

A veces, uno piensa que el mundo tal y como lo percibe es fruto de la mente del yo, es una creación propia. Y, en ese caso, se pregunta cómo es que uno está creando un mundo donde aparentemente viven personas pasando dificultades y, simplemente, uno no tiene respuesta ante ello. A veces, se vibra en amor y compasión, y comprende que esto también forma parte de lo que es, de esa verdad que es, aunque no la veamos ni comprendamos. A veces, se vibra en amor y compasión y se comprende que el camino hará lo que tenga que hacer con esa vibración. Cualquier deseo que se pueda tener es fruto del ego y, en consecuencia, solo alimenta al ego. Lo único que crees que puedes hacer en este momento es vibrar alto y devolver toda la energía al camino, sin dirigirla ni controlarla.

Estamos despertando a la creación.

Empezamos a ser conscientes de lo que hemos creado.

Somos creadores, aunque no existamos como creadores.

Somos creación.

La fantasía no es la creación

Las nubes, al atardecer o al amanecer, crean verdaderos espectáculos para los sentidos, pero su principal belleza surge de su capacidad para reflejar la luz. Son bellas para la vista porque reflejan la luz, pero no son luz, y sin luz pierden esa belleza indescriptible.

Con el ego ocurre lo mismo. Hay egos que, en ciertos momentos, reflejan luz, destilan verdad, y en esos momentos parecen bellísimos, pero no son luz ni son verdad, y en cuanto desaparece la luz, pierden toda la belleza.

La fantasía atrae la atención. Es como una fuerza que nos tira hacia ella, y lo hace con toda su fuerza, sin descanso y sin piedad. Parece absolutamente real, tanto es así que genera las mismas emociones que un hecho real. Uno no percibe ninguna sensación, porque no es un hecho real, pero las emociones tan intensas que nos generan nos impiden darnos cuenta de su falsedad. A veces, somos capaces de darnos cuenta de que solo se trata de una ilusión, pero, aun así, eso nos drena toneladas de energía. Uno le dedica más energía a la fantasía que al momento presente, desconecta del presente y la mente del yo cae en un estado de confusión generado por la fantasía.

Sé que no es real, pero tira de mí con una fuerza que parece que lo es. Sé que solo es pensamiento, pero la mente del yo confunde fantasía con realidad. Y no consigue hacerse presente. No consigue estar aquí y ahora.

En momentos así, conviene recordar que en algún momento pasado tuvimos la fantasía de que este momento ocurriera en la vida real. Y como somos creación, ahora estamos experimentando este momento tal y como lo imaginamos. No obstante, en lugar de estar presentes en este momento que imaginamos en su momento, estamos distraídos pensando en otras ideas, imaginando otras fantasías. Y así transcurre la existencia, creando momentos que no llegamos nunca a vivir con plenitud, porque la mente del yo sigue ocupada creando otros momentos que ocurrirán algún otro día. Y a base de crear momentos futuros, nos perdemos todos los momentos presentes.

En lugar de estar atentos y conectados con la vida, estamos distraídos y enganchados a la fantasía. En lugar de fluir con la corriente de la vida, estamos controlando su recorrido y dirigiendo su camino. En lugar de rendirnos a la vida y de entregar el ego, estamos intentando controlar el destino y fortaleciendo el ego.

Respirar. Pedir ayuda. No estamos solos.

Con la fantasía, somos más ego y menos presencia.

Con la fantasía, nos cerramos aún más en el ego y dejamos de percibir con claridad.

Con la fantasía, se cristaliza el ego y perdemos la capacidad de ser permeables a lo que es.

Con la fantasía, se alimenta el conflicto y perdemos paz.

Con la fantasia, dejamos de vivir y entramos en trance.

Con la fantasía, dejamos de ver la verdad e incluso dejamos de ver.

Con la fantasía, volvemos a los viejos hábitos y dejamos de nacer a lo nuevo.

Con la fantasía, la mente del yo está agitada y nos sentimos mal.

Con la fantasía, estamos más preocupados y somos menos felices.

Con la fantasía, no podemos observar lo que es.

La fantasía son los pensamientos proyectados por la mente del yo sobre la esfera de la realidad. Parecen absolutamente reales, pero no son nada.

Hay energías que existen para destruir el ego y que tienen su origen en el ego, y hay energías que existen para transformar el ego en amor que tienen su origen fuera de todo ego.

(Fin del libro 1)

Hasta aquí este primer libro. Nos queda aún mucho camino por recorrer; de hecho, como ya hemos dicho, el camino nunca se acaba. Lo que estamos intentando es aprender a caminar, a caminar felices, juntos, eternamente. A partir de ahí, nos dará igual cuánto dure el camino, lo recorreremos en paz, sin ansiedad, sin querer llegar, disfrutando de las vistas y de la compañía. La escafandra nos da sensación de seguridad, pero también nos aísla de lo que es. Las burbujas nos dan también sensación de seguridad, pero también nos impiden explorar lo que hay más allá de ellas.

Si os está resultando interesante lo que leéis, si algo de esto resuena en vosotros, si se está despertando una chispa de curiosidad, os animo a seguir leyendo, el camino continúa y, si así lo queréis, vamos a recorrer algunos tramos juntos. De verdad que lo que está por venir es increíble. Y recordemos, siempre, pase lo que pase, nos sintamos como nos sintamos: respirar, pedir ayuda, no estamos solos.